Für Alissa, Anton, Cara, Emily, Mariella,
Joschua, Sabine, Sarah und Sophie.

© Verlag Herder GmbH, Freiburg im Breisgau 2022
Alle Rechte vorbehalten
www.herder.de

Gesamtgestaltung: Veronika Preisler, München
Lektorat: Stefan Wendel
Druck: CPI books GmbH, Leck

Printed in Germany

ISBN 978-3-451-71616-4

Christian Linker

AUFTRAG VON GANZ OBEN

Die Koki-Bande

Mit Illustrationen
von Anna-Lena Kühler

HERDER

FREIBURG · BASEL · WIEN

INHALT

1

VERHASPELT

Vielleicht denkst du jetzt: Aha, schon wieder so eine Geschichte mit einer Kinderbande. Kennt man ja.

Aber wir sind absolut keine normale Kinderbande.

Zum Beispiel haben wir keinen Hund. Nur eine Katechetin. Und wir sind auch keine Detektive. Jedenfalls nicht immer. Sondern manchmal auch das Gegenteil davon. Wir haben sogar schon Sachen gemacht, für die man in den Knast kommen kann.

Wobei Magdalena aber meinte, Kinder würden gar nicht in den Knast kommen. Und Su-ri meinte, man sagt nicht *Knast*, sondern *Gefängnis*. Aber Palaver meinte, wenn man erst mal drinnen ist, kann es einem ziemlich wurst sein, wie es heißt.

Und Palaver weiß, wovon er spricht.

Aber dazu später. Dann erfährst du auch, was eine Katechetin ist.

Begonnen hat das alles so harmlos, wie überhaupt nur eine Geschichte harmlos beginnen kann, nämlich an einem Sonntag im Gottesdienst. Wobei ich zugeben muss, dass Gottesdienste auch nur auf den ersten Blick harmlos sind. Da hört man nämlich ziemlich krasse Sachen wie: „Selig sind die Armen." Und man entdeckt auch ganz unvermutet Leute, die man niemals in der Kirche erwartet hätte. Zum Beispiel Palaver.

Ich erschrak richtig, als ich ihn sah. In der Kirche war er mir noch nie begegnet, jetzt stand er da hinten an der Wand. Er war es eindeutig, seine schiefe Nase würde ich überall erkennen. Die stammte angeblich von einer krassen Schlägerei.

Fast bekam ich wieder genauso Schiss wie damals. Aber hier, in der vollen Kirche, mitten während der Messe, konnte er mir ja wohl nichts tun. Ich zwang mich, nach vorn zu schauen.

Wir saßen in der ersten Reihe, direkt vor dem Altar. Das war neuerdings unser offizieller Platz, denn die erste Bank in der Kirche ist immer für die Kommunionkinder reserviert, und seit drei Wochen waren wir welche. Neben mir saß Lucy – genau wie in der Schule. Und genau wie in der Schule, wenn sie sich ein bisschen fragte, wozu um alles in der Welt wir irgendwelche Zahlen addieren oder Satzteile mit unterschiedlichen Farben markieren müssen, drehte sie mit skeptischem Blick eine blonde Strähne um den Zeigefinger. Neben ihr saß der schwergewichtige Paolo und blätterte im Gesangbuch. Er kann besser Noten lesen als Buchstaben, glaube ich. Er ist nämlich ein Musikgenie und spielte vermutlich gerade im Kopf die besten Lieder auf dem Klavier durch. Neben Paolo saß Su-ri. Sie schaute konzentriert nach vorn, als könne sie mithilfe eines speziellen Röntgenblicks herausfinden, wie das eigentlich rein technisch funktioniert: dass sich die kleinen, runden Hostien aus Esspapier in den Leib Christi verwandeln. Und neben Su-ri saß niemand mehr, da war die Bank zu Ende. Nora hätte also gar nicht mehr in die Reihe reingepasst. Ich hatte eh schon geahnt, dass sie nicht kommen würde. Nora und Kommunion – das ging irgendwie nicht zusammen.

Plötzlich riss mich die Orgel aus meinen Gedanken, alle standen auf, und ich merkte, dass ich am Schluss der Predigt gar nicht mehr richtig zugehört hatte. Hastig kramte ich den Zettel aus meiner Hosentasche, denn gleich kamen die Fürbitten dran.

Wenn im Gottesdienst Kinder gesucht werden, die irgendwas vorlesen, melde ich mich immer. Ich kann es halt gut, ich lese klar und deutlich und ohne zu stocken. Und unter uns gesagt – ich mag es, vorne zu stehen, so wie der Pfarrer und die Messdienerinnen. Mein älterer Bruder Jakob hat mal gesagt, ich sei eine „Rampensau". Erst mal hatte ich ihm deswegen vors Schienbein getreten, weil ich das für eine Beleidigung hielt. Mein Vater erklärte mir dann aber, es sei wohl eher als Kompliment gemeint. Und irgendwie traf es ja auch zu. Am Ende des Liedes ging ich also nach vorn, drei Stufen hoch zum Ambo, wie man dieses Redepult in der Kirche nennt. Fünf weitere Kinder hatten so einen Zettel, ein Kind aus jeder Gruppe. Außer uns vieren gab es nämlich noch jede Menge anderer Kommunionkinder, aber die bildeten andere Gruppen und hatten andere Katecheten – so nennt man die Erwachsenen, die die Gruppen leiten. Unsere Eltern hatten es extra so hingedreht, dass wir vier zusammen in einer Gruppe waren, also Su-ri, Paolo, Lucy und ich, denn wir sind sowieso die besten Freunde. Da hätte Nora auch gar nicht reingepasst, die war nämlich nur mit Lucy befreundet, wir anderen drei mochten sie nicht besonders. Ich warf ihnen ein Lächeln zu, als wären sie meine Fans, dann ließ ich den Blick über die anderen Reihen schweifen, sah meine Eltern neben den Eltern von Paolo sitzen, sah den Vater von Su-ri und die Mütter von Lucy, sah unsere Katechetin Magdalena mit ihrem blitzenden Nasenpiercing, sah die alte Frau Hohenstolz mit ihrem stets missmutigen Gesicht unter dem breiten Hut, die schon mal ihr Portemonnaie aus der Handtasche kramte, weil gleich der Teil des Gottesdienstes kam, wo alle eine Geldspende ins Körbchen legen. Und ich sah Palaver, der immer noch ganz hinten stand, Hände in den Hosentaschen, und genau wie ich die Leute musterte.

„… und darum, guter Gott, bringen wir unsere Bitten vor dich", sagte Pastor Sharma, der den Buchstaben R immer so knödelt, als wäre er ein Rockstar. Er bog das Mikrofon für uns Kinder nach unten und trat einen Schritt zurück.

Einer nach dem anderen lasen wir unsere Fürbitten vor, und die Leute antworteten jedes Mal
gemeinsam: „Wir bitten dich, erhöre uns."

„Guter Gott", begann ich, als ich an der Reihe
war, „wir bitten dich", ich ließ noch einmal ganz
kurz meinen Blick über die Gemeinde gleiten wie
ein Moderator im Fernsehen, „schenke uns ein
weites Herz, damit bei uns ..." Ich stockte. Das
passierte mir sonst nie! Ich schluckte und nuschel-
te: „... damit bei uns alle Kinder willkommen
sind und wir ... und wir niemanden aus unserer
Gemeinschaft ausschließen."

„Wir bitten dich, erhöre uns", antwortete die
Gemeinde im Chor.

Aber ich sah nicht zu den Leuten, sondern starrte auf den Boden. Ganz plötzlich schämte ich
mich. Aber nicht, weil ich mich zum allererstern
Mal beim Vorlesen verhaspelt hatte.

Nach der Messe strömten die Leute ins Freie.
Die Herbstsonne vergoldete den Vorplatz der Kirche. Ein paar Kindergartenkinder bewarfen einander mit dem bunten Laub der alten Bäume im
Pfarrgarten gegenüber. Meine Eltern plauschten

noch mit den Eltern von Paolo, auch Su-ris Vater gesellte sich dazu und Lucys Mütter. Sie hat nämlich gleich zwei. Zu beiden sagt sie „Mama", und mir ist es ein Rätsel, woher die drei immer genau wissen, wer jeweils gemeint ist. So wie jetzt.

„Ich hab Hunger, Mama, können wir bitte schnell nach Hause und frühstücken?"

„Wir wollen noch ein bisschen reden", antwortete Mama Birte und zog einen Geldschein aus der Hosentasche, den sie ihrer Tochter hinhielt. „Warum gehst du nicht schon zum Bäcker und kaufst Brötchen und Croissants?"

„Gute Idee", meinte mein Vater und zückte sein Portemonnaie.

Wir hatten nämlich auch noch nicht gefrühstückt. Im Gegensatz zu Paolo und Su-ri, aber die ließen sich ebenfalls ein paar Münzen aushändigen, damit sie uns zum Bäcker begleiten konnten.

Unterwegs stupste Lucy mich in die Seite und sagte: „Was du da vorhin vorgelesen hast, diese Fürbitte ..."

„Ich weiß", brummte ich. „In dem Augenblick ist es mir auch aufgefallen. Also wegen Nora."

„Was, wie, wegen Nora?", fragte Paolo. „Verstehe ich nicht."

„Na, weil sie heute nicht gekommen ist", sagte ich. „Das kann doch nur heißen, dass sie sich endgültig entschieden hat, nicht zur Kommunion zu gehen."

Su-ri zuckte mit den Schultern und fragte: „Was hat das mit der Fürbitte zu tun? Wir haben sie doch gar nicht ausgeschlossen. Wenn sie nicht mehr kommt, dann war es ihre eigene Entscheidung. Oder die von ihrer Mutter, wie auch immer. Was haben wir damit zu tun?"

„Ich hab mich … na ja, ganz heimlich darüber gefreut, dass sie nicht da war", gestand ich.

Dabei war ich stehen geblieben und sah die anderen an. Auch sie hatten angehalten, wir bildeten unwillkürlich einen Kreis.

„Okay, ich auch", gab Paolo zu. „Müssen wir deswegen ein schlechtes Gewissen haben?"

„Zumindest sollten wir uns über so etwas nicht freuen", sagte Su-ri und schaute sehr ernst drein.

„Ach, Leute", meinte ich und atmete auf, „es tut einfach gut, wenn man unangenehme Sachen ganz ehrlich anspricht. Und wenn man zu seinen Fehlern steht. Genau wie wir es im Kommunionunterricht von Magdalena gelernt haben." Ich lächelte zufrieden in die Runde. „Dann hätten wir das geklärt." Ich rieb mir die Hände. „Jetzt aber auf zum Bäcker, ich hab echt Hunger."

Wir setzten uns wieder in Bewegung, da traf mich Lucys Erwiderung wie ein Nackenschlag.

„Geklärt?", schimpfte sie. „Gar nichts ist geklärt, Valentin! Wir müssen mit Nora reden. Oder halt mit ihrer Mutter. Oder mit beiden."

„Ja, stimmt eigentlich", murmelte Paolo. „Sprich einfach morgen in der Schule noch mal mit ihr."

„Nee", entgegnete Lucy. „Das hab ich schon gemacht, aber es hat nichts gebracht. Wir müssen gemeinsam mit ihr reden – wir alle vier. Und nicht in der Schule. Wir gehen zu ihr."

„Ähm …", machte Paolo, „ist das wirklich nötig?"

„Sie könnte sich überrumpelt fühlen", gab Su-ri zu bedenken.

„Und ich glaube, sie findet Kirche eh total lang-
weilig", setzte ich hinzu.

„Ihr seid so feige!", schimpfte Lucy.

„Feige und hungrig", sagte Paolo. „Können wir
bitte erst mal zum Bäcker? Ich brauche einen Berliner. Sonst kann ich überhaupt nicht richtig nachdenken."

„Ich dachte, du hast heute schon gefrühstückt",
meinte Su-ri.

„Das war doch vor über einer Stunde!"

2

ZWEI BERLINER
UND EIN DOOFES GEFÜHL

Vor der Bäckerei mussten wir uns in eine endlos lange Warteschlange einreihen.

Su-ri fragte: „Was sollen wir denn überhaupt sagen?"

„Einen Berliner, bitte", antwortete Paolo. „Was sonst?"

„Nein, Mann." Su-ri lachte. „Was wir zu Nora sagen sollen." Freundschaftlich boxte sie Paolo in die Schulter.

„Ganz einfach", antwortete Lucy. „Wir sagen, dass wir uns total freuen würden, wenn sie doch noch in der Kommuniongruppe mitmacht."

„Na ja", murmelte ich. „Man soll ja auch nicht lügen."

Da stemmte Lucy die Hände in die Hüften und schimpfte: „Was habt ihr denn überhaupt gegen sie? Ich versteh es einfach nicht."

„Sie ist halt irgendwie komisch." Paolo hatte geflüstert, als wäre es ihm vor den anderen Leuten in der Warteschlange peinlich. „Die Klamotten, die sie immer trägt."

„Na und?", fragte Lucy.

„Sie redet manchmal ziemlich komisches Zeug", ergänzte Su-ri.

„Habt ihr noch nie komische Sachen gesagt?", konterte Lucy.

„Sie war ja nicht mal mit auf der Klassenfahrt", sagte ich. „Ich glaube, sie ist einfach lieber gern allein."

„Totaler Quatsch", entgegnete Lucy. „Soll ich euch den wahren Grund sagen?"

Paolo winkte ab. „Später. Wir sind gleich dran."

Wir rückten langsam vor und quetschten uns schließlich durch die Tür ins Innere des Ladens. Vorn an der Theke ließ sich gerade die alte Frau Hohenstolz ein einzelnes Brötchen einpacken. Mitten im Getümmel entdeckte ich plötzlich Palaver wieder. Er hatte seine Kapuze über den Kopf gezogen, doch als er kurz zum Eingang blickte, erkannte ich seine schiefe Nase. Ich hörte wieder, was er damals nach dem Fußballtraining zu meinem Bruder Jakob gesagt hatte: *Dann halt deinem kleinen Bruder.* Allein bei der Erinnerung daran lief es mir eiskalt den Rücken runter.

„Also darauf kann ich nun wirklich nicht wechseln", sagte die Verkäuferin zu Frau Hohenstolz. „Tut mir leid. Haben Sie es nicht etwas kleiner?"

„Ts", machte Frau Hohenstolz, als sei sie grob beleidigt worden, nahm ihren Hunderteuroschein vom Tresen und schob ihn ins Portemonnaie zurück. Dann begann sie langwierig im Münzfach zu kramen. Einige unter den Wartenden verdrehten die Augen.

23

„Vielleicht findet Nora eure Klamotten ja auch komisch", brummte Lucy uns an. „Und überhaupt, wen stört es denn, was andere für Klamotten anhaben? Ich sage doch auch nichts gegen deinen Minecraft-Pulli." Sie bohrte Paolo ihren Zeigefinger in den Bauch.

„Aua, das tut weh", beschwerte sich Paolo. „Mein Bauch ist doch ganz hohl innen drin."

Frau Hohenstolz war endlich fertig und wollte sich einen Weg nach draußen bahnen. Dabei stieß sie mit Palaver zusammen.

„Pass doch auf, junger Kerl!", schimpfte die alte Frau und rückte ihren breiten Hut zurecht. Dann schob sie sich an uns vorbei, wobei sie uns mit einem kurzen Kopfnicken grüßte.

„Guten Tag, Frau Hohenstolz", antwortete Suri höflich. „Einen schönen Sonntag noch."

„Ja, ja", brummte die alte Dame und verschwand durch die Tür.

Palaver hatte anscheinend keinen Hunger mehr, denn ohne etwas zu kaufen, drehte er sich um und strebte dem Ausgang zu.

„Ah, das kleine Fränzchen",
feixte er, als er mich sah, und ver-
setzte mir im Vorübergehen einen
Schlag gegen die Schulter.

„Hey", rief Lucy herausfordernd hinter ihm
her. „Er heißt Franz, nicht Fränzchen! Valentin
Franz, kapiert?"

„Was willst du denn, du Zwergin?", gab Palaver zurück.

„Ist schon gut", murmelte ich und biss die Zäh-
ne zusammen, weil es ganz schön wehgetan hatte.

„Denke ich auch", knurrte Palaver und trollte
sich.

„Was sollte das?" Lucy sah mich verständnislos
an. „Warum lässt du dir das gefallen? Wer ist der
Idiot? Woher kennst du ihn?"

„Palaver", sagte ich leise. „Eigentlich heißt er Emil. War bis letztes Jahr mit Jakob im selben Fußballverein. Aber jetzt nicht mehr. Angeblich war er im Knast oder so was."

„Im Knast?", entfuhr es Paolo. „Krass."

„Man sagt gar nicht *Knast*, man sagt *Gefängnis*", verbesserte Su-ri.

„Und deshalb kuschst du vor dem oder was?", fragte Lucy.

„Hab ich doch gar nicht."

„Aber so was von", meinte Paolo. „Ich hoffe, dass du mutiger bist, wenn wir Nora besuchen."

Jetzt fing er auch noch damit an.

„Muss das denn wirklich sein?", fragte ich kleinlaut. „Dass wir zu Nora gehen?"

„Scheint so", meinte Su-ri. „Aber heute kann ich nicht, ich muss nachher in den Reitstall und später noch Geige üben und dann noch für die Theater-AG was auswendig lernen. Und morgen habe ich um drei Uhr Tennis."

„Und was ist um fünf?", fragte Lucy. „Muss da irgendjemand von euch zum Friseur oder zum Töpferkurs oder zur Tanzschule?"

Su-ri, Paolo und ich schüttelten die Köpfe.

„Dann also morgen um fünf", bestimmte Lucy.
„Wir treffen uns drüben bei der Kirche, und dann
gehen wir zu Nora. Wir alle vier."

Trotzdem setzte ich nochmals an: „Was ist denn,
wenn Nora gar nicht …"

„Wollt ihr auch etwas haben oder bloß diskutieren?", unterbrach mich die Verkäuferin. Anscheinend waren wir schon dran.

Paolo drehte sich zu ihr um. „Zwei Berliner
bitte", sagte er. Und dann, wieder an uns gewandt:
„Weil wir so lange warten mussten."

Ich selber hatte da schon gar keinen Hunger
mehr. Etwas hatte mir den Appetit verdorben.
Nicht so sehr die Aussicht auf das schwierige Ge-
spräch mit Nora. Ich glaube, es war eher die doofe
Begegnung mit Palaver, die mir dumpf im Bauch
lag. Es wurmte mich, dass Lucy mich gegen ihn
verteidigt hatte, während ich selbst eingeknickt
war.

3

ABSOLUT VERDÄCHTIG

Das doofe Gefühl hielt auch am nächsten Morgen an und wuchs sogar noch, als Paolo und ich auf dem Weg zur Schule an der Bäckerei vorbeikamen.

Ich stupste ihn an und deutete auf das große Schaufenster. „Schau mal."

„Ja, lecker. Schoko-Sahne."

„Mann, der Zettel!"

Wir gingen näher heran und lasen die in brüllend großen Blockbuchstaben aufs Papier gemalte Botschaft:

PORTEMONNAIE VERLOREN!!!!
BELOHNUNG FÜR DEN FINDER!!!

Darunter eine Telefonnummer.

Und unter der Nummer ein Name: E. Hohenstolz.

„Ist das nicht diese Vogelscheuche aus der Kirche?", fragte Paolo. „Die mit dem Riesenhut?"

„Ja, die gestern nach der Messe ebenfalls beim Bäcker war", überlegte ich. „Wo sie ausgerechnet von Palaver angerempelt wurde. Und jetzt vermisst sie ihr Portemonnaie. Komischer Zufall, oder?"

„Keine Ahnung." Palo zuckte mit den Schultern. „Du glaubst doch nicht, dass der Typ es ihr geklaut hat."

„Sie hat kurz vorher noch mit dem Geldschein herumgewedelt", sagte ich. „Erinnerst du dich?"

Paolo sah mich bestürzt an. „Und danach hat er *dich* angerempelt", rief er. „Hat er dich auch beklaut? Fehlt dir irgendwas?"

Unwillkürlich klopfte ich meine Taschen ab, die alle leer waren, abgesehen von meinem kleinen

Glücksbringerstein und einem Päckchen Kaugummis. „Nee", sagte ich. „Gestern hatte ich überhaupt nichts bei mir, außer dem Geld für die Brötchen, aber das hatte ich die ganze Zeit über in der Hand." Missmutig schob ich nach: „Ich hab ja nicht mal ein Handy."

„Dein Glück, Mann." Paolo lachte und boxte mich gegen die Schulter. „Dann kann es dir auch niemand klauen."

„Sehr witzig."

Wir setzten uns wieder in Bewegung.

„Palaver war gestern auch in der Kirche gewesen", fiel mir ein. „Meinst du, er hat die Messe besucht, um die Leute abzuchecken? Um zu gucken, bei wem was zu holen ist?"

„Weiß nicht", antwortete Paolo. „Aber wenn dieser – wie nennst du ihn? Palaver? Also wenn der wirklich die alte Frau Hohenstolz bestohlen hat, dann müssen wir es ihr sagen, oder? Das heißt – eigentlich müssten wir direkt zur Polizei gehen."

„Ja", brummte ich. „Theoretisch schon. Aber wir können nichts beweisen."

„Du meintest ja, der hätte schon mal im Knast gesessen."

Ich nickte.

„Weswegen eigentlich?", fragte Paolo.

„Keine Ahnung. Bin mir auch gar nicht sicher, dass das überhaupt stimmt. Das sind halt so Sachen, die Jakob erzählt."

„Typisch", meinte Paolo. „Die Älteren erzählen manchmal Schrott."

Ich lachte. Paolo musste es wissen, denn er hatte sage und schreibe drei ältere Schwestern. Drei! Da war ich mit meinem einen großen Bruder echt noch glimpflich davongekommen.

Trotzdem nahm ich mir vor, Jakob an diesem Nachmittag ausführlich in Sachen Palaver zu befragen. Erst einmal musste allerdings dieser Schultag vorübergehen. Das dauert an Montagen immer extrem lange, finde ich. Nicht, weil wir da besonders viele Schulstunden hätten. Die Unterrichtszeit ist im Grunde egal, weil ich wie die meisten anderen auch sowieso bis drei Uhr bleibe.

Aber montags vergeht die Zeit immer viel langsamer als an anderen Tagen. Die Schule, das Mittagessen im Essensraum, die Hausaufgaben im Hausaufgabenraum, sogar das Spielen auf dem Spielplatz zogen sich hin. Von allen Leuten, die ich näher kenne, ist Su-ri die Einzige, die gleich nach dem Unterricht nach Hause geht, sogar noch vor dem Mittagessen. Aber die hat dann meistens nicht frei, sondern macht irgendeinen Sport oder hat Geigenstunde, und die Hausaufgaben erledigt sie dann abends. Darauf hätte ich persönlich überhaupt keinen Bock, dann doch lieber Ganztagsschule. Vielleicht war es an diesem Montag auch deshalb so anstrengend, weil ich ständig versuchte, Nora aus dem Weg zu gehen. Lucy hatte ihr wohl schon angekündigt, dass wir sie später besuchen kämen, und Nora hatte nicht gerade den Eindruck gemacht, als freue sie sich darauf.

Auf dem Heimweg mussten wir natürlich wieder beim Bäcker vorbei. Paolo brauchte dringend einen Berliner, denn nach den Hausaufgaben hatte es mal wieder „nur" Obst gegeben. Der Zettel von Frau Hohenstolz klebte noch immer an der Scheibe.

Als ich unseren Hausflur betrat, kam Jakob gerade aus dem Fahrradkeller.

„Hey, Kumpel", grüßte er und klatschte mich ab.

Für mich war das immer noch etwas gewöhnungsbedürftig. Die ersten acht dreiviertel Jahre meines Lebens hatte er mich andauernd geärgert. Aber irgendwann in diesem Sommer musste er sich überlegt haben, dass er jetzt eigentlich zu alt dafür sei. Immerhin war er jetzt schon in der achten Klasse und längst ein richtiger Jugendlicher.

Zusammen gingen wir die Treppe hoch.

„Hab ich dir erzählt, dass ich gestern Palaver getroffen hab?", begann ich.

„Wen?"

Er pulte seine AirPods aus den Ohren.

„Emil, der mal in deinem Fußballverein war", sagte ich. „Der mit der schiefen Nase."

„Ach, Palaver", sagte Jakob. „Echt?"

„Ja, beim Bäcker. Er hat mich sogar wiedererkannt und mich gleich wieder voll blöd angemacht."

„Echt?", wiederholte Jakob. „Ich dachte, das wäre für immer vorbei. Was hat er denn gesagt?"

„Egal, war nicht so schlimm. Aber was ich dich fragen wollte – hast du nicht mal erzählt, dass er im Knast gesessen hat?"

„Hm", machte Jakob. „Ja. Oder so ähnlich. Also kein richtiges Gefängnis, es war eher so eine Art Jugendheim. Oder hieß es Arrest? Weiß nicht mehr genau."

„Und warum?"

„Diebstahl. Er hatte ziemlich viel geklaut, vor allem Portemonnaies. Irgendwie ist er aufgeflogen. Die Polizei hat alles im Keller von Palavers Opa entdeckt. In einem Meerschweinchenstall." Jakob lachte kurz. „Mit einem echten Meerschweinchen drin. Das hat quasi auf die Diebesbeute aufgepasst."

Wir hatten den zweiten Stock erreicht, und ich klingelte an unserer Wohnungstür. Niemand öffnete.

„Mama steht wohl wieder mal im Stau", brummte Jakob und fummelte den Schlüssel aus seiner Hosentasche. „Warum interessiert dich das? Ist doch schon über ein halbes Jahr her. Und was er damals über dich gesagt hat …"

„Ja, ich weiß." Ich winkte ab. „Das war nur Laberei, nichts weiter."

„Genau. Mach dir darüber keine Gedanken."

Während wir uns die Schuhe auszogen und die Hände wuschen, ganz brav, als wäre Mama schon zu Hause und stünde neben uns, erzählte ich ihm von meinem Verdacht. Von dem Zettel im Bäckereischaufenster und von Palavers Zusammenstoß mit Frau Hohenstolz.

„Und sonst war da gestern niemand beim Bäcker?", fragte Jakob. „Außer ihm und euch und dieser alten Frau?" Er sah mich tadelnd an.

„Doch, natürlich", widersprach ich und wusste schon, worauf er hinauswollte. „Der Laden war rammelvoll. Aber wenn du jetzt sagst, dass es auch jeder andere gewesen sein könnte – also da waren außer Palaver nur normale Leute."

„Normale Leute." Jakob lachte hohl. „Was heißt schon normal? Kannst du den Leuten in den Kopf gucken? Meinst du, du erkennst einen Dieb daran, wie er aussieht?"

Ich senkte den Blick. Irgendwie fühlte ich mich ertappt. Genau wie tags zuvor in der Messe, als ich diese Fürbitte vorlesen musste, dass wir niemanden ausschließen, obwohl ich Nora ausschließen wollte. In der Kirche und im Kommunionunterricht ging es andauernd darum, dass Jesus sich um die Ausgestoßenen kümmerte. Um die Sünder und solche Leute. Das klingt alles total nett, und Jesus war ohne Frage ein super Typ – aber ich konnte mich trotzdem nicht richtig dagegen wehren, dass ich Nora komisch fand und Palaver für einen Dieb hielt. Alles an ihm war doch absolut verdächtig. Schon allein diese Nase.

Und – ja, ich weiß natürlich auch, dass die Nase von jemandem nichts darüber aussagt, ob er kriminell ist. Trotzdem fühlte es sich irgendwie für mich so an.

„Entschuldigt, Jungs." Mama kam außer Atem herein, ließ ihre Handtasche aufs Bord plumpsen und schüttelte die hohen Schuhe von den Füßen. „Das letzte Meeting wollte einfach nicht aufhören."

Sie tut immer so, als wäre es für uns das Allerschlimmste, dass sie noch nicht von der Arbeit zurück ist, wenn wir aus der Schule kommen. Vielleicht findet sie es ja normal, dass eine Mutter zu Hause sein muss, wenn die Kinder kommen.

Jakob hat recht: Was ist schon normal …?

4

BESCHATTEN
STATT SPIONIEREN

Lucy findet es sicher normal, dass sie zwei Mütter hat. Paolo findet es vermutlich total normal, mit geschlossenen Augen ein Klavierkonzert von Mozart zu spielen. Und für Su-ri ist es bestimmt genauso normal, in einem Riesenbungalow mit Riesengarten zu wohnen, wie es für mich normal ist, in unserem Altbauhaus mit vielen anderen Familien zu wohnen. Deshalb ging ich einfach mal davon aus, dass es für Nora ganz normal war, in

der Edith-Stein-Straße 3 zu leben. In einem Hochhaus, dessen Aufzug nach Pipi riecht.

Obwohl Lucy sie ja eigentlich vorgewarnt hatte, schien Nora trotzdem richtig zu erschrecken,
als sie uns im siebten Stock die Wohnungstür öffnete und uns vier im engen Flur stehen sah.

„Ich dachte, das wäre ein Witz gewesen", sagte sie zu Lucy.

„Mit so was macht man keine Witze", erklärte Lucy und schob mich nach vorn. „Wir wollten dir was sagen. Stimmt's, Valentin?"

Wieso jetzt ausgerechnet ich? Von wegen Rampensau ...

„Ja, wir ... also, ähm", begann ich, „wir wollten mit dir reden."

„Aha?" Nora verschränkte die Arme vor der Brust. So sah man noch mehr, dass die Ärmel ihrer abgewetzten Joggingjacke zu kurz waren.

„Ja, genau. Wir ..." Ich räusperte mich. „Wir würden uns nämlich sehr freuen, wenn du dich doch noch für den Kommunionunterricht anmelden würdest."

Puh, jetzt war es raus. War doch eigentlich gar nicht so schwer gewesen.

„Ja, genau", stimmte Su-ri zu, „und wenn du bei uns in der Kommuniongruppe mitmachen würdest."

„Und natürlich", ergänzte Paolo, „wenn wir dann am Ende alle zusammen zur Erstkommunion gehen. Denn das ist ja der Sinn des Ganzen." Er grinste breit. „Die Party und die vielen Geschenke."

Wir kannten das. Er hatte uns schon etliche Male vorgerechnet, wie viel Geld seine drei großen Schwestern jeweils mit ihren Erstkommunionfeiern „verdient" hatten, wie er das nannte.

Doch ausgerechnet bei dem Wort „Geschenke" war Nora unseren Blicken ausgewichen. Sie biss sich auf die Lippen und schüttelte den Kopf.

„Ich möchte nicht", flüsterte sie.

„Aber warum denn nicht?", fragte ich.

Auf diese Reaktion war ich gar nicht vorbereitet gewesen. Ich hatte gedacht, sie würde sich wahnsinnig freuen und jubelnd in die Luft hüpfen und uns danken, dass sie mit uns zur Gruppenstunde kommen darf. Als hätte es nur von uns und unserer Meinung abgehangen – wie bescheuert von mir, dachte ich plötzlich.

„Weil es nicht geht", flüsterte sie.

„Nora, wer ist denn da?" Noras Mutter tauchte an der Tür auf. „Was wollt ihr?" Es klang unfreundlich. Doch dann erkannte sie offenbar Lucy und sagte: „Oh, 'tschuldigung, du bist es. Sind das deine Freunde? Wollt ihr Nora zum Spielen abholen?"

„Wir möchten, dass Nora mit uns zur Kommunion geht, Frau Engelmann", sagte Lucy mit selbstbewusster Stimme.

Noras Mutter schüttelte nur den Kopf.

„Aber warum nicht?", wiederholte ich.

Es wurmte mich seltsamerweise. Bis gestern war ich froh gewesen, dass Nora wegblieb. Doch jetzt fühlte ich mich beinahe persönlich gekränkt von ihrer Absage.

„Was heißt das, es geht nicht?", hakte Su-ri nach. „Habt ihr an dem Termin schon was anderes vor? Vielleicht kann man das verschieben …"

Lucy verdrehte die Augen, als hätte Su-ri was Megadummes gesagt. Dabei gab sie sich doch wirklich Mühe.

„Es geht halt nicht", knurrte Frau Engelmann. „Da brauchen wir gar nicht zu diskutieren."

„Aber das wird ein ganz tolles Fest", protestierte Paolo. „Alle machen sich schick, und es gibt

Geschenke und Torte und – na ja, den Leib Christi gibt es noch obendrauf. Willst du dir das alles entgehen lassen?"

„Dann mal tschüss", sagte Frau Engelmann trocken, als hätten wir vier geklingelt, um ihnen irgendwelche Zeitungen oder Staubsauger anzudrehen.

Nora sagte nichts mehr. Sie ließ sich widerstrebend von ihrer Mutter zurück in die Wohnung ziehen, dann klappte die Tür zu.

Ich glotzte ratlos auf das verkratzte Holz und brummte: „Ich versteh überhaupt nichts."

„Stimmt", knurrte Lucy. Warum war sie plötzlich so sauer? Wir hatten es doch immerhin versucht. „Ihr versteht alle drei gar nichts. Vor allem du!" Wieder pikste sie Paolo ihren Zeigefinger in den Bauch, genau wie gestern. „Gar nichts kapiert ihr."

„Sag ich ja", murmelte ich.

Wir trotteten hinter Lucy her zum Aufzug und fuhren wieder hinab. Einen Moment schwiegen wir. Anscheinend waren wir jetzt alle aufeinander sauer.

Schließlich sagte Paolo in kühlem Ton: „Dann erklär es uns halt bitte. Aber schön langsam, damit auch solche Idioten wie wir es kapieren."

„Es ist doch völlig offensichtlich", begann Lucy, als wir durch die von Graffiti übersäte Glastür wieder ins Freie traten. „Nora ist …"

„Da!", rief ich aufgeregt dazwischen. Da drüben ging Palaver über den Garagenhof. „Der hat doch irgendwas vor!"

„Ich glaube nicht, dass er ausgerechnet hier irgendwem was klauen will", meinte Paolo.

„Vielleicht wohnt der einfach in dieser Straße", vermutete Su-ri.

„Oder glaubst du, er trägt gerade das Portemonnaie von Frau Hohenstolz spazieren?", fragte Lucy.

Ich hatte den beiden Mädchen schon in der Schule von meinem Verdacht berichtet, aber es hatte sie nicht überzeugt. Ähnlich wie Jakob vorhin. Aber ich war mir ganz sicher, dass Palaver dahintersteckte – und plötzlich durchzuckte mich die Vorstellung, wie es wäre, wenn ausgerechnet wir vier den Kerl überführen könnten.

„Lasst uns doch mal sehen, was er macht", schlug ich vor.

„Du meinst, wir sollen ihm hinterherspionieren?", fragte Paolo.

„Nein, wir beschatten ihn", entgegnete ich.

„Wo ist der Unterschied?" Paolo sah mich zweifelnd an.

Lucy zuckte mit den Schultern und meinte: „Wir schaden ja niemandem, wenn wir mal schauen, was er so treibt."

„Na meinetwegen", brummte Su-ri.

Paolo seufzte. „Okay. Aber höchstens zehn Minuten."

Wie auf ein stummes Kommando gingen wir alle vier gleichzeitig hinter einem geparkten Auto in Deckung und spähten durch die Fensterscheiben hindurch. Palaver blieb stehen und blickte sich um.

„Der hat uns bemerkt", flüsterte Paolo.

„Quatsch", meinte Su-ri, „niemals."

Unsere Zielperson – so nennt man das doch in Detektivgeschichten? – setzte sich wieder in Bewegung und steuerte die Treppe zu einer Unterführung unter dem benachbarten Hochhaus an. Wir flitzten los, verloren ihn für einen Moment aus den Augen, liefen rüber und drückten uns an die Hauswand. Ich linste um die Ecke. Die Unterführung öffnete sich weiter unten zu einem Innenhof mit einem Spielplatz voll demolierter Spielgeräte, einem von Gestrüpp überwucherten Blumenbeet und ein paar Müllcontainern. Palaver trottete über den Spielplatz. Ich gab den anderen drei ein stummes Zeichen, und wir huschten die Treppe hinab und durch den Tunnel bis zu den Müllcontainern, wo wir erneut in Deckung gingen. Von hier aus sahen wir, wie Palaver an der Hauswand entlangschlenderte. Vom ersten bis hinauf zum zwölften Stock zogen sich endlose Reihen von Balkonen an den Fassaden entlang. Aber das Erdgeschoss bestand nur aus Beton, nicht mal Fenster gab es, bloß ein paar nummerierte Stahltüren. Offenbar lagen hier die Zugänge zu den Kellern des Hochhauskomplexes. Die Tür mit der Nummer 3, vor der Palaver nun stehen blieb, musste zu dem Haus gehören, in dem Nora wohnte.

Er zog einen Schlüssel aus der Hosentasche, sah sich noch einmal um, dann schloss er die Kellertür auf und verschwand im Innern.

„Ha!", machte ich. „Irgendwo in diesem Keller versteckt Palaver seine Diebesbeute."

„Das ergibt doch überhaupt keinen Sinn", widersprach Su-ri.

Paolo meinte: „Kann es nicht doch sein, dass er hier wohnt?"

„Oder vielleicht ein Kumpel von ihm", ergänzte Lucy.

„Oder sein Opa", sagte ich. „Und das Meerschweinchen."

Die drei sahen mich verwirrt an.

5

ÜBERWACHUNGSTECHNIK

Unsere Katechetin Magdalena hatte im Jugendraum des Pfarrheims die Stühle im Kreis aufgestellt und einen frischen Blumenstrauß in der Mitte platziert. Die zweiflüglige Glastür zur Wiese stand offen, und sie scheuchte uns noch einmal hinaus.

„Es ist erst zehn vor vier", rief sie. „Spielt noch ein bisschen, ich rufe euch."

Sie selbst verschwand hinter der Kirche. Sicher dachte sie, wir würden denken, dass sie noch irgendwas Wichtiges für unsere Gruppenstunde vorbereitet. Dabei hatten wir schon längst geschnallt, dass sie vor und nach jeder Kommunion-Gruppenstunde heimlich eine Zigarette raucht. Aber wir taten einfach so, als würden wir das nicht mitkriegen und auch nicht riechen. Beim Kontakto-Spielen machten wir stets einen riesengroßen Bogen um die geheime Rauchstelle. Aber diesmal hatten wir gar keine Lust auf Kontakto. Stattdessen standen wir bloß auf der Wiese, und Paolo sagte zu mir: „Ich habe immer noch nicht verstanden, warum das Portemonnaie von Frau Hohenstolz im Keller von Noras Haus rumliegen sollte."

„Weil Palavers Opa im selben Haus wohnt wie Nora", erklärte ich jetzt. „Ich habe gestern noch den ganzen Abend im Internet nachgelesen, was die Zeitungen damals geschrieben haben, als Palaver überführt worden ist und die Polizei die ganze Beute im Keller seines Opas gefunden hat. Da war auch ein Bild von dem Haus. Ganz eindeutig Edith-Stein-Straße 3. Genau da, wo wir gestern waren, das Haus, in dem Nora Engelmann wohnt. Und das Meerschweinchen …"

„Ja, schon gut", unterbrach mich Paolo, „das mit dem Meerschweinchen hast du gestern schon erzählt. Ich versteh aber immer noch nicht, warum Palaver wieder genau dasselbe Versteck benutzen sollte. Das wäre doch ganz schön blöd, weil da jeder sofort draufkommt."

„Oder ganz schön schlau", meinte Su-ri. „Weil ja jeder denken würde, dass es ganz schön blöd wäre. Und darum würde es da keiner vermuten."

„Hä?", machte Lucy. „Das ist aber jetzt ein bisschen weit hergeholt."

„Wir könnten es rauskriegen, wenn wir nachschauen", sagte ich. „Wir könnten Nora fragen, ob sie uns zeigen kann, wo der Keller von Palavers Opa ist."

„Und dann brechen wir da ein und durchsuchen den Keller?" Paolo zeigte mir einen Vogel. „Und was tun wir, wenn das Meerschweinchen uns angreift?" Er grinste.

Ich boxte ihn gegen die Schulter und sagte: „Am besten wäre eh, wenn wir Palaver auf frischer Tat ertappen. Also dabei, wie er seine Beute aus dem Versteck im Keller holt."

„Ja, super Idee", rief Paolo, „wir hocken uns einfach Tag und Nacht vor die Kellertür und warten. Irgendwann wird er schon kommen."

Verärgert winkte ich ab und knurrte: „Ist mir schon selber klar, dass das nicht geht."

„Es sei denn", begann Su-ri, „wir bringen eine Kamera an."

Lucy lachte. „Jetzt dreht ihr aber völlig ab."

„Na ja, theoretisch ist es ganz einfach", meinte Su-ri. „Wir brauchen nur ein Handy mit Bewegungsmelder-App. Und WLAN."

„Völlig verrückt", urteilte Lucy. „Wisst ihr, wie man das nennt?"

„Überwachungstechnik?", tippte Su-ri.

„Nein, das nennt man Vorurteil. Ihr seid randvoll mit Vorurteilen gegen diesen Palaver, obwohl es nicht den kleinsten Anhaltspunkt gibt, dass er die alte Frau bestohlen hat. Oder dass es überhaupt einen Diebstahl gab. Vielleicht hat die Hohenstolz das Portemonnaie auch bloß verloren. So steht es ja auch auf dem Zettel. Und wo wir gerade bei Vorurteilen sind: Was wir gestern bei Nora …"

„Das ist kein Vorurteil", widersprach ich.

„Du tust ja so, als hätte Palaver dich persönlich ausgeraubt und nicht die alte Frau", meinte Paolo. „Warum hasst du den Typen so?"

„Nein, ausgeraubt hat er mich nicht, aber ..." Ich musste schlucken. „Aber bedroht."

Das war vor einem knappen Jahr gewesen. Ich hatte bei Jakobs Fußballtraining zugeschaut und mitgekriegt, wie er und Palaver am Schluss in Streit gerieten. Angeblich hatte mein Bruder ihn übel gefoult. Während sie den Platz verließen, sagte Palaver zu Jakob: „Wenn du das noch einmal machst, dann brech ich dir die Beine."

Und Jakob antwortete cool: „Das traust du dich eh nicht."

Und da hatte Palaver böse gelacht und gemeint: „Kann sein. Dann halt deinem kleinen Bruder."

Ich hatte direkt danebengestanden und alles gehört.

„War nur Spaß, Fränzchen", sagte Palaver dann zu mir und lachte noch böser.

Jakob sagte zu ihm: „Das hoffe ich, denn sonst bring ich dich in den Knast."

Lucy, Paolo und Su-ri sahen mich mit offenen Mündern an, während ich ihnen diese Geschichte erzählte.

„Jakob meinte, ich bräuchte keine Angst vor Palaver zu haben", fuhr ich fort, „der würde nur rumlabern und das niemals machen. Und dann kam ja irgendwann diese Diebstahlsache, und ich hab Palaver eh nicht mehr gesehen." Leise setzte ich hinzu: „Aber Schiss habe ich vor dem trotzdem noch."

„Kann ich gut verstehen", sagte Paolo und legte mir eine Hand auf die Schulter. Das fühlte sich gut an.

Lucy versprach: „Wenn er das Portemonnaie wirklich geklaut hat, dann kriegen wir ihn dran."

„Mit modernster Technik", ergänzte Su-ri.

„Hey, Leute, warum seht ihr plötzlich so ernst aus?" Magdalena schob sich ein Minzbonbon in den Mund und lächelte uns an. Ihr kleines Nasenpiercing blitzte in der Herbstsonne.

„Ist nicht so wichtig", sagte ich. „Wir haben nur gerade über einen ziemlich blöden Typen gesprochen."

„Oh, das trifft sich aber gut", meinte Magdalena. „Das passt zu unserem heutigen Thema. Kommt rein."

Als wir wenig später im Stuhlkreis saßen, unser Gruppenlied gesungen hatten und gemeinsam einen Text aus der Bibel lasen, meldete sich schon wieder dieses doofe schlechte Gewissen bei mir. Die Geschichte handelte davon, wie Jesus einen ziemlich ätzenden Typen namens Zachäus besuchte. Zachäus war ein mächtiger Beamter, der ständig die Leute betrog. Alle hassten ihn deswegen, nur Jesus nicht. Als Jesus ausgerechnet zu ihm nach Hause ging, lästerten die anderen Leute in der Stadt darüber. Doch Zachäus bereute, was er getan hatte, und gab den Leuten das ganze Geld zurück und sogar noch mehr als das.

Ich musste an Palaver denken.

Aber Lucy fing stattdessen wieder von Nora an.

„Das ist es, was ich euch die ganze Zeit über erklären wollte", sagte sie in die Runde. „Nora und ihre Mutter sind total arm. Deshalb kann Nora nicht zur Kommunion gehen. Sie haben einfach kein Geld dafür."

„Seit wann braucht man Geld für die Kommunion?", fragte Su-ri.

„Genau, man kriegt doch welches, wenn man zur Kommunion geht", meinte Paolo.

„Habt ihr schon mal überlegt, was so ein Kommunionkleid kostet?", fragte Lucy herausfordernd.

Paolo und ich sahen uns ratlos an. Su-ri meinte: „Keine Ahnung, mein Vater bezahlt doch alles mit seiner Kreditkarte."

„Oder was so eine Feier kostet", fuhr Lucy fort. „Du musst Kuchen kaufen und vielleicht sogar ein Restaurant mieten und selbst die ganzen Einladungskarten, die kosten ja auch Geld."

„O Mann, ja die Karten." Ich verdrehte die Augen bei dem Gedanken, dass ich demnächst vierzig Einladungen schreiben musste.

„O Mann, ja, Kuchen", rief Paolo verzückt.

„Aber was hat das mit Zachäus zu tun?", fragte ich. „Der ist doch gar nicht arm, der ist im Gegenteil stinkreich."

„Es geht ums Schämen!", rief Lucy. Langsam schien sie die Geduld mit uns anderen zu verlieren.

„Zachäus schämte sich vor den ganzen Leuten. Und Nora schämt sich auch, schnallt ihr das nicht? Sie würde wirklich gern mit uns zur Kommunion gehen. Aber weil sie sich kein schönes Kleid kaufen und keine große Feier machen kann, wäre es ihr viel zu peinlich."

Lucys Worte hallten von der hohen Decke wider, so laut war sie geworden.

Su-ri, Paolo und ich schwiegen einen Moment lang betreten.

In die Stille hinein sagte Magdalena: „Ich kann das verstehen. Aber vielleicht gibt es eine Lösung."

Als Katechetin leitet Magdalena unsere Gruppe und erklärt uns alles, was wir für die Kommunion wissen müssen. Also eigentlich ist „Katechetin sein" kein Beruf, sondern eher so eine Art Hobby. Von Beruf ist Magdalena nämlich Studentin. Sie studiert irgendwas mit Religion, das passt ganz gut. Vor allem ist sie noch ziemlich jung – also für eine Erwachsene, meine ich. Darum versteht sie nicht nur was von Kommunion, sondern auch vom Leben.

„Nora könnte zum Beispiel ein gebrauchtes Kommunionkleid kaufen", sagte sie. „Die Gemeinde veranstaltet jedes Jahr einen Flohmarkt für Kommunionkleider – und natürlich auch Kommunionanzüge für Jungs. Aber wisst ihr, was ich persönlich am allercoolsten finde? Eine Albe."

Wir runzelten nur die Stirn. Magdalena zückte ihr Handy, tippte was ein und zeigte uns die Bilder, die die Suchmaschine gefunden hatte: Jungen und Mädchen in langen weißen oder grauen Gewändern. Sie sahen ein bisschen aus wie Mönche. Oder Priesterinnen.

„Oder wie Jedi-Ritter", bemerkte Paolo.

„Na ja", meinte ich.

„Denkt mal drüber nach", sagte Magdalena. „Die Albe sieht cool aus und kostet nichts. Jeder kann sie sich bei der Gemeinde ausleihen."

„Hm", machte Lucy. „Vielleicht ist das eine Möglichkeit."

„Und wenn wir zu ihr gehen, um ihr das vor-zuschlagen", überlegte ich, „können wir sie gleich auch fragen, ob sie uns mal diesen Keller zeigt."

„Und ob wir ihr WLAN benutzen dürfen", er-gänzte Su-ri.

Sie sagte das so selbstverständlich, als ginge es um irgendein Projekt für die Schule.

„Keller?", fragte Magdalena. „WLAN?"

„Ach, das ist eine lange Geschichte", meinte Lucy.

„Und die erzählen wir dir ein anderes Mal", fügte ich schnell hinzu.

6

EIN JOB FÜR NORA

Gleich nach der Gruppenstunde riefen wir mit Magdalenas Handy unsere Eltern an und erklärten ihnen, dass wir noch dringend was besprechen müssten und daher erst gegen sechs Uhr heimkämen.

Dann fuhren wir rasch bei Su-ri vorbei und packten „Material" ein.

Eine halbe Stunde später klingelten wir wieder bei Nora. Diesmal baten wir sie, mit uns rauszukommen, damit wir in Ruhe reden konnten, ohne ihre Mutter.

Nora zögerte kurz, folgte uns dann aber nach unten, und wir hockten uns auf das kleine Karussell auf dem Kinderspielplatz im Innenhof. Auf der Drehscheibe klebte ein verblichenes Schild mit der Aufschrift „Defekt". Su-ri zog ein iPad aus ihrem Rucksack und legte es auf das Schild. Darauf hatte sie etliche Bilder von Kindern gespeichert, die alle solche Alben trugen, wie Magdalena es uns empfohlen hatte.

„Ich find's wirklich cool", sagte Lucy aufmunternd. „Na?"

Paolo ließ ganz nebenbei einfließen: „Die Teile kosten keinen Cent. Kann man einfach bei der Kirchengemeinde ausleihen."

„Ich weiß nicht", murmelte Nora und schaute in die Runde. „Würdet ihr das denn auch tragen?"

Darüber hatte ich gar nicht nachgedacht. Die anderen auch nicht, wie ich an ihren verdutzten Gesichtern sah.

„Da müsste ich mal meine Mütter fragen, was die davon halten", antwortete Lucy ausweichend.

„Ja, genau", sagte Paolo, „ich muss auch erst mal meine Eltern fragen. Die wollen bestimmt lieber, dass ich so einen schwarzen Anzug anziehe, mit Krawatte. Und glänzende Schuhe."

Bei dem Gedanken daran, eine Krawatte zu tragen, musste ich unwillkürlich nach Luft schnappen.

Nora kniff die Augen zusammen und musterte uns einen nach dem anderen.

„Warum zeigt ihr mir das?", fragte sie misstrauisch. „Warum wollt ihr, dass ich so was anziehe?"

Wir schauten betreten auf unsere Füße.

Schließlich sagte Lucy leise: „Wir haben gedacht, dass du dann vielleicht doch mit uns zur Kommunion gehen könntest. Also weil …"

Sie stockte. Komisch, dass es uns allen so unangenehm war, darüber zu sprechen. So als ob Nora eine geheime Krankheit hätte, von der man nicht reden durfte.

Ich sagte: „Es wäre halt, damit du kein Geld für ein Kleid ausgeben musst."

„Ist doch Kacke!", schimpfte Nora und sprang auf. Ihre Stimme klang wütend, aber ich sah, dass ihr gleichzeitig die Tränen in den Augen standen. „Meine Mama ist auf Hartz vier! Sie hat einen Antrag gestellt, dass wir vom Amt Geld kriegen für ein Kleid und für eine Feier. Aber die haben das abgelehnt. Und darum kann ich nicht mit zur Kommunion gehen. Klar?"

Paolo schluckte. Su-ri presste die Lippen aufeinander, als müsse sie auch gleich weinen.

Ich fragte mich, ob das jetzt tatsächlich eine Krankheit ist – Hartz vier. Vielleicht so ähnlich wie Covid-19?

Lucy griff nach Noras Hand und sagte: „Brauchst du denn überhaupt ein spezielles Kommunionkleid? Es kommt doch eigentlich gar nicht auf solche Kostüme an."

„Soll ich etwa so gehen?" Nora fuhr mit beiden Händen an sich selbst hinab. Sie trug denselben abgewetzten Jogginganzug wie gestern. „Während ihr anderen alle schicke Klamotten anhabt? Und so eine komische Kutte ziehe ich schon gar nicht an. Dann wäre ich ja die Einzige, dann sieht ja erst recht jeder sofort, dass ich ein Problem habe."

Sie sah uns der Reihe nach an. Ich musste ihrem Blick ausweichen. Da hätten wir eigentlich drauf kommen können, dass es ihr peinlich wäre.

Su-ri sagte: „Vielleicht können wir irgendwo Geld für dich auftreiben, wir könnten doch …"

„Ich bettle nicht!", erwiderte Nora in einem Ton, der keinen Widerspruch duldete. „Wir brauchen keine Almosen. Meine Mutter braucht einen Job." Sie zog ihre Hand aus Lucys und fragte kühl: „War das alles, worüber ihr mit mir reden wolltet?"

Eigentlich nicht. Aber keiner von uns wagte es, jetzt von dem Keller von Palavers Opa anzufangen.

„Tschüss dann", knurrte Nora und sprang von dem Karussell herunter.

Da kam mir ein Gedanke.

„Warte", rief ich. „Wir haben natürlich keinen Job für deine Mutter. Aber wir hätten vielleicht einen für dich."

„Einen Job?" Nora zog die Augenbrauen hoch.

„Da muss ich etwas weiter ausholen", sagte ich und begann zu erzählen, wie wir Palaver am Sonntag in der Bäckerei getroffen hatten. Dass er mich angerempelt und Fränzchen genannt hatte, ließ ich lieber weg. Ich erklärte, dass er vielleicht das Portemonnaie von Frau Hohenstolz gestohlen hatte und dass wir es – ganz vielleicht – im Keller ihres Hauses vermuteten, weil Palaver ihn schon einmal als Versteck für seine Beute benutzt hatte.

„Oh, daran kann ich mich noch gut erinnern", meinte Nora. „Da standen eines Tages zwei Polizeiautos auf dem Garagenhof, und sie haben den Keller vom alten Steinhoff auseinandergenommen. Ich dachte zuerst, die würden wegen des Meerschweinchens kommen, das da im Keller wohnt. Deswegen gab es nämlich Ärger im Haus. Aber dann haben sie die ganzen gestohlenen Portemonnaies gefunden. Die hatte sein Enkel dort versteckt – also der Typ, den ihr Palaver nennt. Ich verstehe nur nicht, was das jetzt mit mir zu tun haben soll."

„Frau Hohenstolz hat eine Belohnung für den Finder des Portemonnaies ausgesetzt", erklärte ich. „Sie ist reich, ihr Mann hatte eine große Baufirma oder so was – bestimmt wird die Belohnung ziemlich fett ausfallen. Und ich fände es fair, Nora, wenn du den Hauptteil davon kriegen würdest – weil du nämlich einen voll wichtigen Geheimjob bei der Operation Meerschweinchen übernehmen würdest."

Wie aufs Stichwort zog Su-ri ein altes Handy aus ihrem Rucksack. Ihr Vater hatte zu Hause ein halbes Dutzend davon herumliegen und haufenweise anderen Elektronikkram. Su-ri durfte damit nach Lust und Laune basteln und tüfteln.

„Wir haben überlegt, den Keller damit zu überwachen", sagte sie zu Nora. „Würdest du uns zeigen, wo der ist? Wir wollen Palaver überführen, falls er zurückkommt. Und wir brauchen dafür WLAN. Bestimmt gibt es hier ganz viele verschiedene Netze. Vielleicht kennst du von einem der Netze das Passwort?"

Nora kratzte sich am Kopf und schaute uns noch einmal alle nacheinander an. Aber diesmal nicht mehr so unfreundlich. Ihre Miene hellte sich auf. Schließlich nickte sie. „Na gut, okay, kommt mit."

Wir folgten ihr zu der Kellertür mit der Nummer 3. Nora zog einen Schlüsselbund aus der Jackentasche und schloss auf. Wir betraten einen leicht muffig riechenden Gang, unter der Betondecke flackerte eine Neonröhre auf. Als Erstes passierten wir einen großen Raum voller Gerümpel, vielleicht wurde hier Sperrmüll gesammelt. Dahinter verzweigte sich der Gang nach allen

Richtungen und führte zu den einzelnen Kellerabteilen, die aus Bretterverschlägen bestanden. So ähnlich sah es in unserem Keller auch aus, nur nicht so weitläufig. Ich hätte mich hier sofort hoffnungslos verlaufen, aber Nora lotste uns zielsicher durch das Gewirr, bis wir vor einer Brettertür stehen blieben.

„Das ist es", sagte sie.

Wir linsten zwischen den Holzlatten hindurch und erkannten auf einer uralten, schmutzigen Kommode einen breiten Käfig.

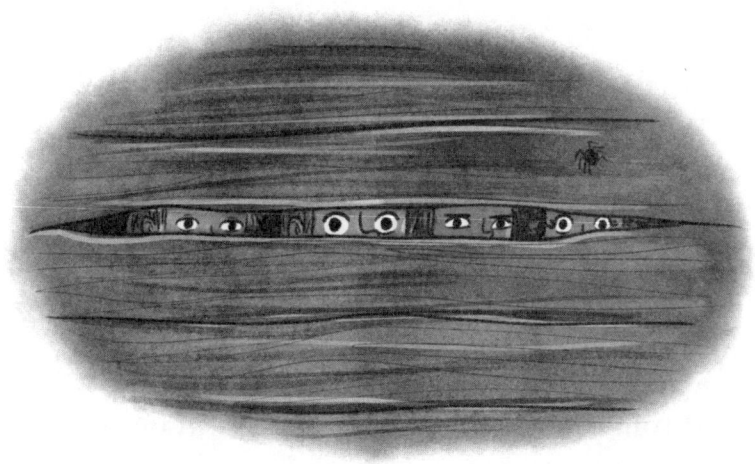

„Ist das der Meerschweinchenstall?", fragte Lucy.

„Genau. Aber das Meerschweinchen ist seit einer Weile nicht mehr da."

Wir betrachteten den mit Stroh ausgelegten Käfig, die verwaisten kleinen Leitern und Treppchen, das niedliche Holzhäuschen, das richtige kleine Türen und Fenster hatte.

„Ist das Meerschweinchen damals von der Polizei verhaftet worden?", witzelte Paolo.

Nora lachte. „Ich weiß nicht, warum es weg ist. Vielleicht hat Herr Steinhoff es verschenkt, weil sich immer wieder Nachbarn darüber beschwert haben."

„Also ein Portemonnaie liegt hier nirgendwo herum", stellte Lucy fest. „Es würde Stunden dauern, hier alles zu durchsuchen." Ihr Blick schweifte über das Gerümpel, vor allem alte Möbel oder Teile von Möbeln, Seitenwände von Schränken und solches Zeug.

„Darum der Trick mit der Kamera", sagte Su-ri und tippte auf dem Handy herum. „Hier gibt es etliche WLAN-Netze. Die meisten haben keinen richtigen Namen, nur Buchstaben und Zahlen. Aber eines hier heißt Familie Mutlu."

„Das ist die Familie von Dilek", meinte Nora und zog nun ebenfalls ein Handy hervor. Wir anderen tauschten erstaunte Blicke. Sie rief offenbar jemanden an.

„Hi, Dilek. ... Ja, bei mir ist alles klar, und bei dir? ... Du, könnte ich mal euer WLAN-Passwort haben? ... Super, danke."

Sie steckte ihr Handy weg und nahm das von Su-ri, um das Passwort einzutippen.

„Perfekt", sagte Su-ri und holte eine dicke Rolle Klebeband aus ihrem Rucksack. Gemeinsam begutachteten wir die Abtrennung von Opa Steinhoffs Kellerabteil. Dort, wo die Schrankteile gegen die Holzlatten gelehnt waren, gab es einen Spalt, in den das Handy so genau hineinpasste, dass nur der oberste Rand mit der kleinen Kameralinse herauslugte. Su-ri hielt es fest, und Lucy schlang ein paar Streifen Klebeband um das Handy herum.

Paolo sagte: „Ich kann immer noch nicht fassen, dass wir das hier wirklich machen. Ist das eigentlich illegal? Können wir dafür in den Knast kommen?"

„Ich finde es auch völlig verrückt", meinte Lucy. „Aber irgendwie ist es cool, dass wir was Verrücktes zusammen machen."

Dabei blinzelte sie Nora zu. Und Nora strahlte. Wie wenn zum ersten Mal jemand mit ihr spielen würde.

„Man sagt außerdem nicht Knast, sondern Gefängnis", erinnerte Su-ri. „So, das hätten wir. Die App registriert Bewegungen. Sobald also jemand durch diese Brettertür in den Raum hineingeht, zeichnet die Kamera auf und sendet das Bild direkt an mein iPad."

„Was mir gerade einfällt", sagte ich, „wie lange hält eigentlich der Akku von dem Teil?"

„Zirka achtundvierzig Stunden", antwortete Su-ri. „Damit unser Plan funktioniert, müsste Palaver bis spätestens übermorgen hier auftauchen und das Portemonnaie holen."

„Falls er nicht direkt das Geld rausgenommen und das Portemonnaie in den nächsten Mülleimer geworfen hat", warf Paolo ein.

„Ja, oder falls er nicht sowieso unschuldig ist und gar nichts mit dem verlorenen Ding zu tun hat", ergänzte Lucy.

„Abwarten", sagte ich.

Eigentlich wäre es ja zu wünschen gewesen, dass Palaver unschuldig wäre. Von wegen Vorurteile und so. Aber irgendwie wollte ich, dass er der Täter war und dass wir ihn schnappen würden.

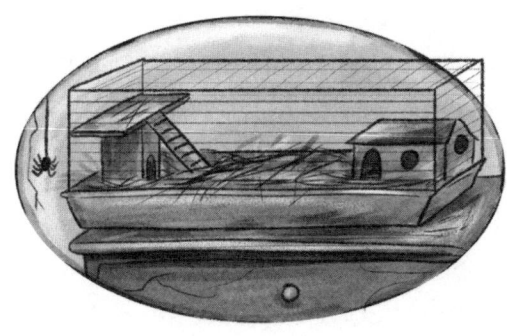

7

DAS GEHEIMNIS DES MEERSCHWEINCHENKÄFIGS

„Sie hat ein Handy", raunte ich Lucy am Mittag des folgenden Tages zu, als ich mich im Essensraum mit meinem Tablett zu ihr an den Tisch gesetzt hatte.

„Hä? Wer?" Lucy tat ganz ahnungslos.

„Nora", flüsterte ich. „Gestern im Keller holte sie plötzlich ein Handy raus. Geht es darum, dass sie und ihre Mutter total arm sind? Wie kann es denn dann sein, dass sie ein Handy hat?"

„Was spricht denn dagegen?", fragte Lucy.

„Hast du etwa ein eigenes Handy?", fragte ich. „Oder Paolo? Oder ich? Nicht mal Su-ri, obwohl ihr Vater der totale Technikfreak ist. Bei denen zu Hause ist sogar der Toaster ans Internet angeschlossen. Niemand, den ich kenne, kriegt schon im dritten Schuljahr ein eigenes Handy."

„Pfff", machte Lucy, „dafür hast du ein cooles Bike und deine Familie fährt mit dir in den Urlaub. Und wenn du zu einem Kindergeburtstag eingeladen bist, bezahlen deine Eltern das Geschenk."

„Bei Nora etwa nicht?"

„Weiß nicht genau", gab Lucy zu. „Nora hat mal so was angedeutet. Als ich sie gefragt habe, warum sie zum dritten Mal hintereinander an meinem Geburtstag angeblich krank geworden ist."

„Aber wenn sie wirklich so arm ist, wie kann sie sich dann ein Handy leisten?"

„Das hängt doch nicht vom Geld ab", widersprach Lucy. „Ich könnte mir von dem Geld auf meinem Sparbuch sofort ein eigenes Handy kaufen, zumindest ein billiges. Meine Mütter erlauben es aber nicht, weil sie Angst haben, ich würde dann den ganzen Tag nur noch auf den Bildschirm glotzen. Und in die Schule mitnehmen dürfen wir es ja eh nicht."

„Ah, ihr sprecht über Verbotenes?" Gerade war Su-ri mit einem dampfenden Teller voll Kartoffelpüree aufgetaucht. „Das trifft sich gut."

„Wieso denn?", fragte Paolo, der jetzt ebenfalls unseren Tisch ansteuerte und die letzten Worte mitgehört hatte.

Die beiden hockten sich zu uns und wir steckten verschwörerisch die Köpfe zusammen.

„Es ist nämlich so", begann Suri.

Da sagte eine Mädchenstimme: „Hallo ihr, ist bei euch noch was frei?"

Nora.

„Das ist ein Vierertisch", antwortete ich wie aus einem Reflex und kassierte einen tödlichen Blick von Lucy. „Ich wollte sagen – ich hole rasch noch einen fünften Stuhl, dann passen wir alle an den Tisch."

Das tat ich, Nora setzte sich zu uns, und wir schoben unsere Tabletts enger zusammen. Ans Essen dachte jedoch niemand mehr, nicht mal Paolo, denn Su-ri machte ein dermaßen geheimnisvolles Gesicht, dass wir beinahe vor Neugierde platzten.

„Ich wollte nicht bis heute Nachmittag warten", flüsterte sie, „sonst verpassen wir vielleicht was Wichtiges. Darum hab ich heimlich mein iPad eingepackt. Wollen wir nachher mal schauen, ob sich schon was getan hat?"

„Ich glaube ja nicht, dass Palaver vormittags unterwegs ist", meinte Paolo.

Alle sahen zu mir, als ob ich ihn etwa näher kennen würde.

„Keine Ahnung." Ich zuckte mit den Achseln. „Ich denke schon, dass er noch zur Schule geht, aber richtig sicher weiß ich das nicht."

„Egal", sagte Lucy, „ich find es aufregend. Am besten nach den Hausis in der Holunderhöhle, okay?"

Auf dem unteren Schulhof steht ein üppiger Holunderbusch. Wenn man sich von hinten an der Mauer entlangquetscht und es nicht so schlimm findet, dass vielleicht die Klamotten ein bisschen dreckig werden, kommt man in einen Hohlraum im Busch, fast wie eine kleine Höhle. Von außen ist man hinter der dichten grünen Wand so gut wie unsichtbar.

Wir verputzten in Windeseile unser Mittagessen und beeilten uns mit den Hausaufgaben. Danach meldeten wir uns zum Spielen ab. Ich glaube, es war das erste Mal, dass wir Nora in die Holunderhöhle mitnahmen. Allmählich kam es mir seltsam vor, dass ich sie immer so doof gefunden hatte. Bei unserer Aktion gestern im Keller ihres Hauses war sie ja eigentlich cool gewesen.

Wir hockten uns dicht zusammen und schauten gebannt zu, wie Su-ri ihr iPad unter ihrem Pulli hervorzog, den Code eintippte und über den Bildschirm wischte.

„Tatsächlich!", rief sie.

Automatisch blickten wir fünf uns um, ob uns irgendjemand beobachtete oder belauschte. Aber das Blätterwerk war völlig dicht.

„Tatsächlich", wiederholte Su-ri im Flüsterton, „unser Kellerhandy hat etwas aufgezeichnet. Da."

Auf dem Monitor war der Kellerraum von schräg oben zu sehen. Das Display zeigte elf Uhr achtunddreißig. Der obere Teil der Tür fegte durchs Bild. Dann tauchte ein untersetzter Mann in einer Strickjacke auf. Das kalte Kellerlicht spiegelte sich auf seiner Glatze. Das musste Herr Steinhoff sein, der Opa von Palaver.

Der Mann bückte sich und öffnete einen der Schränke, kramte darin herum und schloss ihn wieder. Es war nicht zu erkennen, was er da eigentlich gemacht hatte. Erst als er sich schließlich umdrehte und wieder zur Tür ging, sahen wir kurz, dass er etwas im Arm hielt.

„Stopp mal", zischte Paolo überflüssigerweise, denn Su-ri hatte bereits auf Pause gedrückt und fuhr die Aufzeichnung zwei, drei Sekunden zurück.

„Kannst du näher heranzoomen?", fragte Lucy.

Su-ri vergrößerte den Bildausschnitt. Dadurch wurde das Bild gröber und wir erkannten bloß ein paar unförmige braun-gelbe Brocken, die der Mann sich in die Armbeuge gelegt hatte.

„Kartoffeln", sagte Paolo. „Eindeutig. Der Opa holt sich Kartoffeln aus dem Keller, weil er kochen will. Schaut auf die Uhrzeit."

Su-ri ließ die Aufzeichnung weiterlaufen. Wir sahen den alten Mann am Bildrand verschwinden und dann die Tür wieder zuklappen. Ende.

„War das alles?", fragte Paolo. „Heißt das, ich habe meinerseits auf einen Nachschlag vom Püree verzichtet, nur um zuzuschauen, wie ein alter Mann Kartoffeln aus dem Keller holt?"

„Wartet mal." Su-ri klang plötzlich aufgeregt.

Wir steckten abermals die Köpfe über dem Bildschirm zusammen. Wieder klappte die Tür auf. Eine Person trat ein, Kapuzenpulli über den Kopf gezogen.

„Das ist er!", rief ich viel zu laut. „Palaver!"

„Pssst", machten die anderen.

„Das könnte jeder sein", widersprach Lucy.

Kurz hielt die Gestalt inne, als könnte sie hören, was wir redeten. Dann drehte sie sich um. Die Nase! Kein Zweifel. Es war Palaver. Er blickte misstrauisch im Keller umher.

„Wann war das?", fragte Nora. „Was zeigt die Uhr an?"

„Das ist live", flüsterte Su-ri. Ihre Stimme zitterte. „Das, was wir hier sehen, geschieht jetzt gerade. Genau in diesem Moment."

Palavers Blick wanderte über das Gerümpel und die Wände. Für den Bruchteil einer Sekunde schien er uns direkt anzuschauen. Wir fünf hielten den Atem an, als könne Palaver einfach die Hand ausstrecken und durch die Kamera und das ganze Internet hindurch nach uns greifen und uns packen. Doch nichts geschah. Sein Blick wanderte weiter. Wir atmeten wieder aus. Anscheinend hatte er das Handy mit dem Kameraauge nicht bemerkt. Wie gut, dass Su-ri diese perfekt getarnte Stelle gefunden hatte.

Stattdessen machte er sich nun an dem leeren Käfig zu schaffen. Er öffnete das Gitter und griff hinein. Kurz sahen wir nur seinen Rücken. Doch dann drehte er sich leicht zur Seite und wir erkannten, dass er das niedliche kleine Holzhaus herausholte, in dem einmal das Meerschweinchen gewohnt haben musste.

Palavers Hand fuhr in das Häuschen hinein. Und als er sie wieder herauszog, hielt er darin ein großes ledernes Portemonnaie.

Lucy stupste mich so fest in die Seite, dass ich vor Schreck beinahe aufgeschrien hätte.

Palaver sah sich nochmals um, dann zog er drei Geldscheine heraus. Einen Hunderter und zwei

Zweihunderter. Anschließend versteckte er das Portemonnaie wieder im Meerschweinchenhäuschen, stellte dieses zurück in den Käfig, schloss ihn und verließ den Kellerraum. Die Tür wurde zugezogen. Wir starrten auf den Bildschirm, bis er dunkel wurde, weil im Keller das Licht ausgegangen war.

„Du hattest die ganze Zeit recht, Valentin", flüsterte Paolo. „O Mann, was machen wir denn jetzt?"

Überrascht blickte ich auf. Darüber hatte ich noch gar nicht nachgedacht. Alle sahen mich an, als müsste ich einen ausgefeilten Plan in der Tasche haben.

Hatte ich aber nicht.

EISKALTER ANRUF

Paolo zeigte auf Su-ris iPad und fragte: „Das ist jetzt alles gespeichert, oder?"

Su-ri nickte.

„Also gehen wir nachher zur Polizei", sagte Paolo. „Oder?"

Ich zog einen zerknitterten Zettel aus der Hosentasche. Eine Kopie der Adressliste von Jakobs Fußballmannschaft aus dem letzten Jahr. Ich hatte mir die Liste von ihm ausdrucken lassen, damit ich wusste, wo Palaver wohnte. Für den Fall der Fälle.

Dieser Fall war anscheinend jetzt gerade eingetroffen. Wir konnten der Polizei das Überwachungsvideo zusammen mit Palavers Namen und Anschrift liefern. Total profimäßig, fand ich. Auch wenn die Polizei Palaver vermutlich eh noch vom letzten Mal kannte.

„Das heißt, wir gehen nach der Schule zusammen zur Polizei?", fragte Lucy in die Runde. „Es sei denn ..."

„Es sei denn – was?" In ihrem Kopf formte sich gerade irgendeine verrückte Idee, das sah ich genau. Und worin auch immer diese Idee bestand – sie würde die ganze Sache garantiert komplizierter machen.

„Wisst ihr noch, dieser Zachäus?", sagte Lucy. „Der hat den Leuten das Geld, das er ihnen abgenommen hatte, wieder zurückgegeben. Freiwillig."

„Worauf willst du hinaus?", fragte Su-ri.

Ich schaute sie ungläubig an. „Du willst Palaver dazu bringen, dass er der Hohenstolz das Portemonnaie mit dem Geld wieder zurückgibt? Freiwillig?"

„Na ja, ganz freiwillig wäre es nicht", meinte Lucy und grinste. „Immerhin haben wir diese Aufnahme. Und wenn er sich weigert, es zurückzugeben, können wir immer noch die Polizei einschalten. Aber zumindest würden wir ihm die Möglichkeit geben, die Sache selbst in Ordnung zu bringen. Ich meine – verdient nicht jeder Mensch eine zweite Chance?"

„Oder eine dritte", warf Paolo ein, „was Palaver betrifft."

„Außerdem wollen wir ja die Belohnung von Frau Hohenstolz absahnen", ergänzte Lucy. „Wer weiß, ob wir die kriegen, wenn nicht wir ihr das Portemonnaie aushändigen, sondern die Polizei."

„Aber wenn wir Palaver dazu bringen, das Portemonnaie – und vor allem das Geld! – zurückzugeben", überlegte Su-ri, „dann möchte er vielleicht auch was von der Belohnung abbekommen?"

„So weit kommt's noch", schimpfte ich.

„Das können wir ja mit ihm besprechen", meinte Lucy.

„Ich weiß nicht", sagte ich. „Ich kann mir nicht mal vorstellen, dass Palaver überhaupt mit uns redet. Ihr habt ihn doch gesehen. Der boxt uns einfach um."

„Dich vielleicht." Paolo grinste. „An mir kommt er nicht so leicht vorbei. Und an Su-ri erst recht nicht, die kann Hokkaido."

„Es heißt Hapkido", verbesserte Su-ri, „außerdem hab ich außerhalb der Sporthalle noch nie mit jemandem gekämpft. Und ich weiß auch gar nicht, wie wir Palaver überhaupt ansprechen sollen."

„Wollen wir es einfach mal herausfinden?", fragte Nora plötzlich.

Sie pflückte mir die Adressliste aus der Hand und zog ihr Handy aus der Hosentasche.

„Du willst ihn anrufen?" Ich schluckte. „Jetzt sofort?"

„Gute Idee", meinte Lucy. „Er hat das Geld aus dem Versteck geholt – wahrscheinlich will er es heute ausgeben. Und dann ist es weg. Dann wäre es zu spät, um es zurückzugeben."

Nora tippte schon die Nummer ein. Mir wurde mulmig, und ich spähte durch das dichte Grün des Holunders nach draußen, ob nicht gerade zufällig jemand kam und uns hier mit Handy und iPad erwischte. Im Augenblick wäre mir das fast lieber gewesen. Ich kriegte richtig Schiss. Aber es kam niemand. Stattdessen hörten wir es tuten, denn Nora hatte das Handy laut gestellt.

„Wer ist da?" Das war Palavers Stimme.

„Hier ist eine, die gerade gesehen hat, was du aus dem Keller von deinem Opa geholt hast."

Für einen Moment herrschte Stille.

Dann fragte Palaver: „Was soll das? Willst du mich verarschen? Wer bist du überhaupt?"

„Ist doch egal", sagte Nora. „Wir haben dich gefilmt, wie du gerade das Geld aus dem Meerschweinchenkäfig geholt hast. Wir haben den Film gespeichert und wir haben überlegt, ob wir ihn der Polizei zeigen sollen. Wir wissen nämlich, wem das Portemonnaie gehört."

„Welches Portemonnaie?" Palaver versuchte vielleicht, auf unwissend zu machen. Aber ich hörte, dass seine Stimme verunsichert klang.

Nora sagte nichts. Sie grinste uns nur an und ließ ihn schmoren. Ich war völlig baff, wie cool sie das hier durchzog.

„Okay", sagte Palaver schließlich, „was willst du von mir? Einen Anteil von dem Geld, damit du schweigst?" Er machte eine kurze Pause, dann setzte er nach: „Wie alt bist du eigentlich? Du klingst verdammt jung."

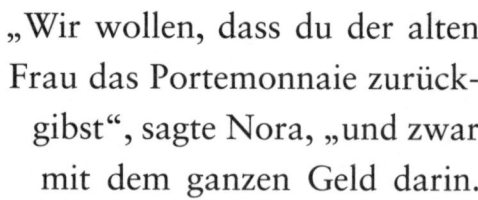

„Wir wollen, dass du der alten Frau das Portemonnaie zurückgibst", sagte Nora, „und zwar mit dem ganzen Geld darin.

Wir können uns treffen und gemeinsam zu ihr gehen. Du musst ja nicht sagen, dass du es geklaut hast. Für uns wäre okay, wenn du behauptest, du hättest es gefunden."

Nora schaute in die Runde. Das hatten wir zwar so nicht abgesprochen, aber es klang irgendwie sinnvoll.

„Wer ist denn *wir*?", fragte Palaver. „Wie viele seid ihr?" Er räusperte sich. „Ich will jetzt endlich wissen, mit wem ich rede. Sag deinen Namen, oder ..."

„Oder was?", fragte Nora zurück.

Keine Antwort. Palaver hatte uns nichts entgegenzusetzen. Mein Herz machte einen Hüpfer. Ich hätte Nora knutschen können für ihren Mut und ihre eiskalte Gelassenheit. Also nicht wirklich knutschen ... ist ja bloß eine Redewendung.

„Hör zu", sagte Palaver, „ich kann das Geld nicht einfach so zurückgeben. Es gibt da ein Problem."

„Tja", meinte Nora, „dann müssen wir wohl doch zur Polizei gehen."

„Warte!" Jetzt schwang richtig Schiss in seiner Stimme mit. „Wir sollten uns treffen, okay? An einem neutralen Ort. Sagen wir um drei unter der Autobahnbrücke."

Nora machte ein fragendes Gesicht. Wir anderen schüttelten entschieden die Köpfe.

„Das könnte eine Falle sein", flüsterte Paolo.

Er hatte recht. Unter der Brücke war es gruselig und völlig einsam. Kein guter Ort, um einem Kriminellen zu begegnen.

Lucy wisperte: „Schlag den Königsbrunnen vor."

Rund um diesen Brunnen in der Fußgängerzone ist immer etwas los, dort würde er uns niemals etwas tun können.

„Nein, komm zum Königsbrunnen", sagte Nora. „Um halb vier."

„Na gut", knurrte Palaver. „Halb vier an diesem bekackten Brunnen. Aber wehe, ihr ..."

„Ja?", fragte Nora.

„Nichts."

Klick.

Er hatte aufgelegt.

„Geht doch." Mit zufriedener Miene steckte Nora das Handy wieder ein.

„Du bist ja …", begann ich.

„… der Hammer!", vollendete Paolo. „Machst du so was öfter?"

„Da, wo ich herkomme, muss man lernen, sich zu wehren", meinte sie.

Lucy drückte Nora. „Gut, dass wir dich haben. Oder?" Sie zwinkerte uns anderen zu.

„Ja", sagte ich. „Das ist wirklich gut. Also gehen wir nachher alle zusammen zum Brunnen?"

„Na klar", antwortete Lucy. „Wir rufen unsere Eltern an und geben Bescheid, dass wir nach der Schule noch was für die nächste Kommunionstunde vorbereiten und anschließend ein Eis essen wollen."

„Ich hasse es, meinen Vater anzulügen", warf Su-ri ein.

„Tja", meinte Paolo, „dann müssen wir uns nach dem Treffen mit Palaver eben tatsächlich ein Eis kaufen. So ist es keine Lüge mehr."

NUR NOCH
EIN EINZIGES MAL

Wie wir gehofft hatten, war rund um den Brunnen jede Menge los. Obwohl schon die Herbstferien nahten, schien die Sonne noch kräftig, und die Leute bevölkerten die Außenbereiche der Cafés in der Fußgängerzone. Vor so vielen Zeugen würde Palaver uns unmöglich etwas anhaben können.

Als wir ankamen, hockte er schon auf der steinernen Umrandung und blickte sich suchend um.

Er hatte ja keine Ahnung, mit wem er verabredet war.

Wir bauten uns vor ihm auf. Er hielt eine Hand über die Augen, blinzelte gegen die Sonne und knurrte: „Du schon wieder, Fränzchen. Hau ab und nimm deine Freunde gleich mit."

Komischerweise hatte ich gar keine Angst mehr vor ihm.

„Hallo, Emil", sagte ich nur.

„Seid ihr taub?", zischte er. „Verpisst euch, ihr Kröten, ich habe hier eine Verabredung."

„Genau", antwortete Lucy. „Und zwar mit uns."

„Was?" Er sprang auf und starrte uns fassungslos an. „Ihr?" Sein Blick blieb an Nora hängen. „Warte mal – dich kenn ich doch. Wohnst du nicht im Haus von meinem Opa?"

„Genau", sagte Nora. „Im siebten Stock."

„Und du hast mich vorhin angerufen?", fragte er ungläubig. „Das war doch deine Stimme, oder?" Plötzlich lachte er schallend, dann ließ er sich wieder auf den Brunnenrand plumpsen und sagte: „Ihr fünf Kiddies macht jetzt hier einen auf Gangster?"

„Der Gangster bist ja wohl du", entgegnete ich. Es tat gut, ihm das ins Gesicht zu sagen. „Und wir sind die, die dir das Handwerk legen."

„Ansichtssache", meinte er und zog ein Handy aus der Jackentasche.

Es war das alte Handy aus dem Fundus von Su-ris Vater. Das Teil, das wir im Keller installiert hatten.

„Nach eurem Anruf musste ich doch mal nachschauen, wie ihr das eigentlich angestellt habt", sagte er. „Und da hab ich euer kleines Spionagewerkzeug hier gefunden. Ich schätze mal, damit habt ihr einen ganzen Haufen von Gesetzen gebrochen. Falls ihr wirklich zur Polizei geht, was ich euch nicht rate, dann würdet ihr bestimmt selber mächtig Ärger kriegen."

Schon war all mein neuer Mut verflogen, das Herz rutschte mir in die Hose.

Aber Lucy stemmte die Hände in die Hüften und entgegnete: „Garantiert ist das nicht so schlimm wie Diebstahl. Außerdem sind wir doch nur ein paar Kinder, denen lässt man so was eher durchgehen als einem vorbestraften Teenager wie dir."

Palaver verzog das Gesicht, dann brummte er: „Was habt ihr denn gegen mich in der Hand, he? Kann man mich auf eurem Video überhaupt erkennen? Lasst doch mal sehen."

„Na gut." Su-ri öffnete ihren Rucksack, holte das iPad heraus und schaltete es ein.

Palaver legte den Kopf schräg und sah die kurze Aufzeichnung an.

„Eindeutig du", sagte Lucy. „He …!"

Mit einer blitzschnellen Bewegung hatte Palaver das iPad geschnappt und hielt es jetzt hoch in die Luft. „Und wenn ich das jetzt in den Brunnen schmeiße, was dann?"

Dann hätten wir nichts mehr in der Hand, dachte ich erschrocken. Wir Deppen, warum hatten wir keine Kopie gemacht?

Doch Su-ri erklärte in gelassenem Ton: „Dann wäre das iPad Schrott, aber das Video haben wir längst in der Cloud gespeichert. Das kannst du nicht zerstören."

Das war ein Bluff. Aber Su-ri hatte das absolute Pokerface, sie ließ sich nichts anmerken. Für einen Moment schien alles auf Pause gedrückt. Palaver hielt Su-ris iPad hoch über den Brunnenrand und funkelte uns böse an. Doch dann erschlaffte er und hockte sich wieder hin, gab ihr das iPad zurück und seufzte: „Ich bin komplett am Arsch."

Von einem Moment auf den anderen sah er so traurig, klein und verloren aus, dass ich beinahe Mitleid mit ihm bekam.

„Unsinn", sagte ich aufmunternd. „Lass uns alle zusammen zu Frau Hohenstolz gehen. Wir behaupten, wir hätten das Portemonnaie gefunden,

und du gibst es ihr zurück. Und dann vergessen wir die ganze Sache einfach."

Palaver schüttelte den Kopf. Er griff in seine Jackentasche und zog das Portmonnaie hervor. Er drückte es mir in die Hand und sagte: „Hier, von mir aus könnt ihr es der alten Vogelscheuche zurückbringen. Ich wollte es eigentlich auf Ebay verkaufen, aber was soll's. Bloß das Geld kann ich euch nicht geben."

„Was?", fragte Paolo. „Hast du es etwa schon verpulvert?"

„Quasi ja", meinte Palaver. „Vor einigen Wochen schon. Also nicht das Geld aus dem Portemonnaie, sondern ich hab Schulden." Er kratzte sich am Kinn. „Ich brauchte für meine neue Schule einen Laptop, aber meine Mum hat kein Geld. Und mein Stiefvater gibt mir nichts. Also hab ich mir die vierhundert Euro von einem Bekannten geliehen. Jens. Aber der will die Kohle jetzt zurück. In zwei Stunden, um genau zu sein."

„Aber da sind fünfhundert Euro", wandte Lucy ein. „Die restlichen hundert willst du für dich oder was?"

„Nein, das sind Zinsen." Palaver lachte bitter. „Jens hat mir vierhundert geliehen und will fünfhundert zurückhaben. Sonst bringt er Ralle um. Und glaubt mir – wenn der Jens das sagt, dann macht er es auch. Mit dem ist nicht zu spaßen."

„O Gott!", entfuhr es Paolo. „Wer ist Ralle?"

„Ihr habt doch den Käfig im Keller gesehen, da wohnt Ralle eigentlich."

„Ach, das Meerschweinchen." Paolo seufzte erleichtert.

„Ich dachte, das gehört deinem Opa", sagte Nora.

„Nee." Palaver lächelte schwach. „Ralle gehört mir. Und er hat bei mir gewohnt … bis mein Stiefvater bei uns eingezogen ist. Der ist ein richtiges Arschloch. Er hat mich gezwungen, Ralle wegzugeben. Ich sollte ihn verkaufen oder verschenken, aber ich konnte mich nicht von ihm trennen."

„Was hat denn deine Mutter dazu gesagt?", fragte ich empört. Was für ein ätzender Kerl, dieser Stiefvater.

„Ach, die …" Palaver winkte ab. „Mein Opa ist der einzige Mensch, der wirklich nett zu mir ist.

Ich durfte Ralle zu ihm bringen. Leider stellte sich raus, dass mein Opa gegen Meerschweinchen allergisch ist, darum musste Ralle in den Keller ziehen."

„Und dann hat dieser Jens dein Meerschweinchen entführt?", fragte Paolo.

„Nein, Ralle ist eine Art Pfand", brummte Palaver. „Jens hat mir das Geld gegeben und Ralle mitgenommen. Und wenn ich es ihm nicht heute zurückgebe, dann tötet er ihn." Palaver fuhr sich mit beiden Händen durchs Gesicht und sagte: „Darum musste ich noch einmal klauen. Ich schwöre euch – nachdem sie mich damals erwischt hatten, wollte ich das nie, nie wieder tun. Aber ich konnte die Schulden einfach nicht zurückzahlen, darum musste ich noch ein Mal was stehlen. Nur ein einziges Mal noch. Ich hatte eigentlich die Idee, in der Kirche was zu klauen. Da wird doch im Gottesdienst immer Geld gesammelt. Ich dachte, ich könnte in einem günstigen Augenblick zugreifen. Dieser Augenblick kam zwar nicht, aber dafür fiel mir diese alte Frau mit dem großen Hut auf, die bei der Sammlung ihr Portemonnaie aufgemacht und mit ihren Scheinen gewedelt hat. Sodass möglichst jeder sehen konnte, wie reich sie ist, so kam es mir vor. Da bin ich ihr nach der Messe zum Bäcker gefolgt und ... Na ja, den Rest kennt ihr."

„Moment mal!", entfuhr es mir. „Du wolltest die Kirche bestehlen?"

„Ja, das hört sich vielleicht komisch an", meinte Palaver, „aber ich dachte: Wenn Gott wirklich existiert, dann hat er vielleicht ein Herz für so arme Schlucker wie mich."

Niemand antwortete.

Schließlich sagte ich: „Bestimmt hat er das. Aber was machen wir jetzt?" Ich schielte auf Nora. Wir hatten ihr versprochen, dass es eine Belohnung geben würde. Irgendwie mussten wir die fünfhundert Euro wiederkriegen und sie mit dem Portemonnaie zu Frau Hohenstolz bringen. Außerdem wollte ich Palaver eigentlich nicht mit dem Geld davonkommen lassen – auch wenn er mir plötzlich richtig leidtat. Und vor allem Ralle, das arme Meerschweinchen.

„Lässt denn dieser Jens nicht mit sich reden?", fragte ich.

Palaver schüttelte den Kopf. „Hab ich versucht. Mein Opa wollte mir helfen, die Kohle abzustottern. Fünfzig Euro im Monat – bis nächsten Sommer wären wir quitt gewesen. Aber Jens will das Geld heute. Oder er … will Ralle in eine Tüte mit Steinen stecken und in den See werfen."

Palaver zog die Nase hoch. Der weinte doch nicht etwa?

„Es muss doch irgendwas geben, was wir tun können", sagte Lucy entschlossen.

„Lotto spielen, eine Firma gründen oder hier mit dem Hut herumgehen", witzelte Paolo. „Oder du musst einfach der nächsten reichen Frau auch wieder fünfhundert Euro aus der Tasche ziehen."

„Verdammt, ja, das ist es!" Palaver sprang auf. „Du bist genial, Kleiner." Er strahlte Paolo an und dann uns alle. „Das machen wir. Aber nicht mit einer reichen Frau. Sondern mit Jens."

„Ähm … warte mal", widersprach ich. „Sagtest du gerade: wir?"

10

EIN BEINAHE
PERFEKTER PLAN

Die Geldübergabe sollte bei der Kleingartenko-
lonie stattfinden, die am Rand unseres Stadtteils
liegt. Zwar hatten wir uns noch immer nicht das
Eis gekauft, aber unsere Eltern auch nur ein kleines bisschen angeflunkert mit der Behauptung,
wir würden noch was für die Kommunionstunde
vorbereiten. Schließlich ging es hier irgendwie
um diese Zachäus-Sache. Zumindest im weites-
ten Sinne. Und falls meine Mutter es vielleicht so

verstanden haben sollte, dass Magdalena bei dem Treffen dabei wäre, dann wäre das eben ein kleines Missverständnis gewesen.

Su-ri hatte sogar extra ihre Geigenstunde ausfallen lassen. Sie war trotzdem kurz nach Hause geflitzt und hatte ein bisschen Detektivausrüstung in ihren Rucksack gestopft – oder jedenfalls Ausrüstung, die uns irgendwie detektivmäßig vorkam. Jetzt holte sie ein kleines Fernglas heraus. Unsere Fahrräder waren hinter einem Schuppen versteckt. Wir fünf lagen unter einem großen Busch auf der Lauer, der ein bisschen an den Holunder auf dem Schulhof erinnerte. Wir *fünf* ... komischerweise kam es mir so vor, als hätte Nora schon immer dazugehört. Vor uns erstreckte sich der Parkplatz mit Schotter und Schlaglöchern, dahinter war der Eingang zur Kleingartenanlage. Aus der Ferne drang ein Motorengeräusch heran, dann bog auch schon der weiße Lieferwagen um die Ecke, den Palaver uns vorhin beschrieben hatte, als ihm dieser gewagte Plan in den Sinn gekommen war.

„Okay, hört jetzt gut zu", hatte er begonnen, während wir ihn am Brunnen dicht umringt hatten. „Jens holt mich um halb sechs mit dem Auto ab. So 'n weißer Van, hinten ohne Fenster, ein Lieferwagen halt. Wir fahren dann zu diesem Schrebergarten. Weil Jens' Eltern da nämlich eine Laube haben, wo Jens meinen guten alten Ralle untergebracht hat. Und so wird es ablaufen: Jens und ich kommen auf den Parkplatz. Gleich nach dem Aussteigen werde ich Jens das Geld geben. Er wird es einstecken. Ich werde mich ganz theatralisch bei ihm bedanken und ihn feste umarmen. Und bei dieser Umarmung ziehe ich ihm das Geld heimlich wieder aus der Tasche. In dem Augenblick biegt ihr wie zufällig um die Ecke. Ihr tut so, als ob ihr wegen irgendwas sauer auf mich wärt …"

„Kein Problem", hatte ich an dieser Stelle eingeworfen.

„… und ich beschimpfe euch und schubse einen von euch. Dich zum Beispiel." Er hatte auf mich gezeigt. „Und dabei stecke ich dir unauffällig das Geld in die Tasche. Dann haut ihr ab, so schnell ihr könnt. Anschließend gehen Jens und ich durch die Gartenanlage bis zu dieser Laube, und Jens übergibt mir mein Meerschweinchen. Am Parkplatz verabschiede ich mich von ihm. Wie ich ihn kenne, wird Jens noch mal mit den Geldscheinen herumwedeln wollen, um anzugeben. Er wird dann merken, dass das Geld weg ist, und natürlich wird er denken, ich hätte es ihm geklaut. Aber ich hab es ja nicht. Er wird am Ende einsehen, dass er es irgendwo auf dem Weg quer durch die Schrebergartenkolonie verloren hat. Wegen mir kann er die ganze Nacht danach suchen."

Palaver hatte sich die Hände gerieben und gelacht bei der Aussicht darauf, wie todsicher sein Plan funktionieren würde. Wir waren ein bisschen skeptisch gewesen, hatten aber keine bessere Idee gehabt. Und außerdem – es war ein richtig großes Abenteuer, das sich uns da bieten würde.

Jetzt wurde mir aber ein bisschen flau, und ich sah auch in den Gesichtern der anderen die Anspannung, während der weiße Lieferwagen auf dem Parkplatz ausrollte. Auch ohne Fernglas war Palaver auf dem Beifahrersitz zu erkennen. Der Fahrer war ein junger Mann in Lederjacke, vielleicht achtzehn oder neunzehn Jahre alt. Das musste Jens sein.

Die Beifahrertür öffnete sich, und Palavers Fuß schwang heraus. Doch mitten im Aussteigen hielt er inne, als würde Jens ihn festhalten.

„… oder gar nicht", hörten wir Jens sagen.

„Warum jetzt sofort?", fragte Palaver.

Die Antwort von Jens war nicht zu verstehen.

Palaver brummelte irgendwas, zog den Fuß zurück und schloss die Tür wieder.

„Was machen die denn da noch im Auto?", zischte Lucy. „Warum steigen sie nicht aus?"

Su-ri erhob sich lautlos und spähte durch ihr Fernglas haarscharf über den Busch hinweg. „Ich sehe, wie Palaver die Geldscheine abzählt", flüsterte sie. „Der andere nimmt sie und hält sie gegen das Licht."

„Denkt der vielleicht, das wäre Falschgeld?", überlegte Paolo.

„Jetzt steckt dieser Jens das Geld in ein Portemonnaie", berichtete Su-ri. „Und er dreht sich um und … keine Ahnung, schwer zu erkennen. Mist. Er verstaut das Portemonnaie irgendwo hinten im Wagen."

Im nächsten Moment klappten beide Vordertüren auf. Su-ri warf sich blitzschnell wieder neben uns auf den Boden. Wir sahen, wie Palaver und Jens ausstiegen. Jens richtete den Schlüssel auf den Van, drückte einen Knopf, und mit einem doppelten Blinken und lauten Klacken wurden die Türen verriegelt. Palaver schaute sich ratlos um, vielleicht suchte er uns.

„Wo ist das Geld denn jetzt?", flüsterte Lucy.

„Immer noch im Auto, denke ich", antwortete Su-ri. „Irgendwo im Laderaum."

„Schitte, Schitte, Schitte", fluchte Lucy, „der ganze Plan ist im Eimer."

„Was machen wir denn jetzt?", fragte Nora.

„Vielleicht war das Absicht von Palaver", überlegte Paolo. „Vielleicht hat er uns reingelegt. Kann doch sein, dass er gar nicht vorhatte, das Geld wirklich von Jens zurückzuklauen und uns zu geben."

Wieder blickte Palaver sich suchend um. Er biss sich auf die Lippen und sah überhaupt nicht wie jemand aus, der soeben erfolgreich ein paar Kinder reingelegt hatte. Eher wie einer, dessen toller Plan gerade so was von in die Hose gegangen war.

Er drehte sich einmal um die eigene Achse, dann breitete er die Arme aus und drückte Jens an sich.

„Noch mal danke, Mann", hörten wir ihn überlaut sagen. „Danke für alles." Er klopfte Jens übertrieben freundschaftlich auf den Rücken. „Und jetzt schnell zu meinem kleinen Liebling."

„Ja, ja, ist ja schon gut", brummte Jens und schob Palaver von sich weg. „Heul nicht gleich." Damit ging er los und schritt durch das Eingangstor zur Schrebergartenanlage. „Na, dann komm auch", rief er Palaver zu.

Aber Palaver drehte sich nochmals zu unserem Busch um. Er wartete auf uns. Auf *mich*. Vielleicht gab es einen Plan B?

Bevor ich selbst genau wusste, was ich tat, war ich aufgesprungen, lief um den Busch herum und auf Palaver zu. Ganz kurz sah ich die Erleichterung in seinem Gesicht, als er mich bemerkte, bevor er künstlich auf böse umschaltete.

„He, Fränzchen, was willst du hier!", schimpfte er so übertrieben, dass er sicher aus jeder Theater-AG rausgeflogen wäre.

„Du Blödmann hast meinen Bruder geärgert", rief ich, weil mir gerade nichts Besseres einfiel.

„Ach ja?", machte Palaver. „Dann komm mal her, ich zeig dir, wie ich Leute ärgere."

Er machte zwei, drei Schritte auf mich zu, streckte die Hände aus und packte mich, wirbelte mich herum und gab mir einen Schubs, dass ich Richtung Busch flog und mich gerade noch auffangen konnte, um nicht voll auf dem Bauch zu landen.

„Lass doch das Kind, Mann", rief Jens. „Mach jetzt. Ich bin froh, wenn ich das doofe Mistvieh endlich los bin."

„Ja, ich komm ja schon", rief Palaver.

Ich wartete, bis er und Jens zwischen den ersten Schrebergärten aus unserem Blickfeld verschwunden waren, dann umrundete ich den großen Busch. Die anderen sahen mich mit großen Augen an.

„Was sollte das denn jetzt?", fragte Lucy.

„Weiß ich auch nicht", murmelte ich und klopfte meine Jacke ab. In einer Tasche befand sich etwas Hartes. Etwas, das vorher nicht da drin gewesen war. Zögernd griff ich hinein und zog es heraus.

Es war der Autoschlüssel von Jens.

11

IN DER FALLE

Es dauerte einen Moment, bis die anderen begriffen. Doch dann standen sie auf und schlichen in gebückter Haltung hinter mir her um den Busch herum auf den Parkplatz. Zögernd näherten wir uns dem Lieferwagen und blickten uns dabei nach allen Seiten um. Niemand war hier, außer uns. Ich drückte auf den Schlüssel. Mit Blinken und Piepen sprang die Verriegelung des Autos auf. Ich zuckte richtig zusammen. Lucy fasste entschlossen den Griff der Schiebetür und zog sie auf. Die Tür schwang zurück und gab den Blick auf ein riesiges

Durcheinander frei. Der Wagen hatte keine Rückbank, nur einen Fahrer- und einen Beifahrersitz, der ganze Rest war Laderaum. Und dieser war voll von Pappkartons, Tüten und Säcken, die sich auf einer Lage aus Matratzen stapelten. Darauf wiederum stapelten sich Decken, Taschen und Rucksäcke. Alles sah ziemlich alt und benutzt aus.

„Sicher, dass der das Geld hier irgendwo hingesteckt hat?" Paolo sah Su-ri zweifelnd an.

„Finden wir es heraus", sagte Lucy und kletterte in den Lieferwagen hinein.

Ich drehte mich unwillkürlich zum Eingangstor der Schrebergartenkolonie. Von Palaver und Jens war nichts zu sehen.

„Los, helft mir!" Lucy winkte uns zu sich.

Nacheinander kletterten die anderen hinein. Nur ich blieb an der Tür stehen und spähte weiter zum Eingang hinüber.

„Was ist das nur alles für Zeug?", fragte Nora, während sie eine der Taschen durchwühlte. „Hier ist nichts drin außer leeren Bilderrahmen."

„Vielleicht handelt Jens mit Gebrauchtwaren?", überlegte Paolo.

Su-ri riet: „Konzentriert euch auf den vorderen Bereich. Er hat das Geld ja nicht mit Schwung nach hinten geworfen, sondern irgendwo hingesteckt, wo er vom Fahrersitz aus mit dem Arm dran kam."

„Da ist was!" Lucy zog aus einem Rucksack ein Portemonnaie hervor und aus diesem drei Geldscheine, einen grünen Hunderter und zwei gelbe Zweihunderter.

Plötzlich sah ich Jens auftauchen. Palaver lief hinter ihm her. Mist, sie kamen schon zurück!

Ohne auch nur eine Sekunde lang nachzudenken, sprang ich zu den anderen in den Wagen hinein und schob von innen die Tür zu, mit der anderen Hand drückte ich den Schlüssel, und die Schlösser verriegelten sich klackernd.

„Was ist?", fragte Nora verwundert.

Durch die Windschutzscheibe sah Paolo die beiden auf uns zukommen. „Macht euch unsichtbar", zischte er.

So schnell es ging, schnappten wir uns Decken und zogen sie über unsere Köpfe, wobei ich versehentlich die Decke von Lucy erwischte, sodass ihr Kopf wieder herausschaute, und als sie an einer anderen Decke zerrte, lag Nora plötzlich frei, doch nach drei, vier endlos scheinenden Sekunden waren wir alle unter irgendeiner miefenden Decke versteckt. Da der Wagen bloß vorn Fenster hatte, war es hier im Laderaum ziemlich dämmrig. Trotzdem konnte ich nicht glauben, dass wir ungeschoren davonkommen würden. Wir durften uns auf keinen Fall bewegen. Ich hielt den Atem an.

„Kannst du nicht zehn Minuten warten?" Das war Palavers Stimme. „Gib mir doch erst mal Ralle zurück."

„Mann, ich brauche jetzt eine Zigarette", antwortete Jens. „Ich hab das Päckchen im Wagen liegen lassen. Danach kriegst du dein Vieh und dann ... verdammt. Wo ist mein Autoschlüssel?"

Langsam ging mir die Luft aus, aber noch immer traute ich mich nicht zu atmen.

„Vielleicht hast du ihn stecken lassen?", fragte Palaver.

„Unsinn. Ich bin sicher, dass ich abgeschlossen habe." Es wurde lautstark am Griff der Fahrertür gerüttelt. Der Van kam ins Schwanken wie ein Schiff auf dem Meer. Kann man ersticken und gleichzeitig seekrank werden?

„Das darf doch nicht wahr sein!", schimpfte Jens.

„Vielleicht ist er dir irgendwo aus der Tasche gefallen?", meinte Palaver. „Der muss ja hier irgendwo rumliegen. Komm, ich helfe dir suchen. Lass uns noch mal zurückgehen."

„Das ist mir ja noch nie passiert", rief Jens. „So ein verfluchter …"

Endlich ließ er von der Tür ab. Und dann entfernten sich ihre Stimmen und Schritte. Ich schnappte nach Luft, blinzelte unter meiner Decke hervor und spähte durch die Windschutzscheibe. Jens und Palaver suchten eine Weile lang in gebückter Haltung den Schotterboden des Parkplatzes ab, dann gingen sie wieder durch das Tor und verschwanden schließlich aus unserem Blickfeld.

Lucy hatte ebenfalls den Kopf hervorgestreckt. „Los, raus jetzt", kommandierte sie.

Ich drückte auf den Schlüssel und öffnete die Schiebetür. Wieselflink sprangen wir aus dem

Lieferwagen, huschten quer über den Parkplatz und gingen wieder hinter unserem Busch in Deckung. Atemlos und verschwitzt sahen wir einander an, als wären wir gerade alle fünf einen Marathon gelaufen.

„Puh", meinte Paolo, „das war knapp. Lasst uns schnell von hier abhauen."

„Aber was machen wir damit?", fragte ich und hielt den Schlüssel hoch.

„Den müssen wir abgeben", meinte Nora, „damit Jens nicht am Ende doch noch Palaver verdächtigt."

„Wie ... abgeben?", fragte ich.

„Ich mach das", sagte Nora. „Dich hat Jens ja schon gesehen."

Damit schnappte sie sich den Schlüssel, flitzte über den Parkplatz und verschwand ebenfalls durch das Eingangstor.

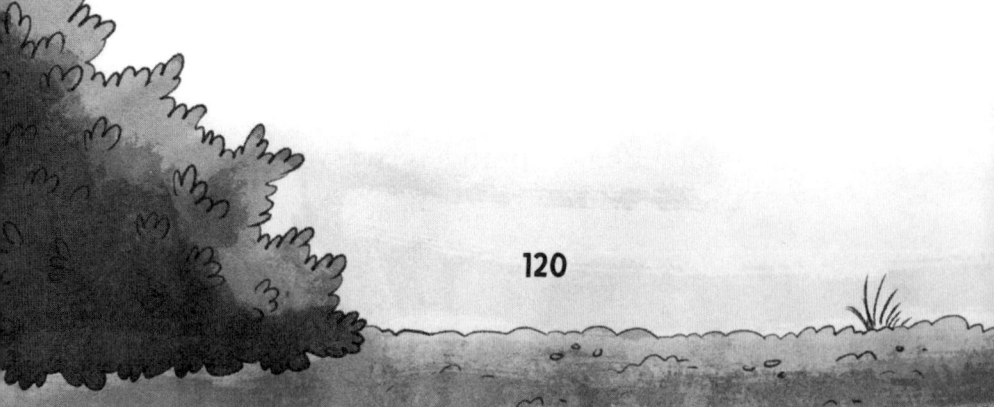

„Lasst uns endlich verschwinden", drängte Paolo. „Ich will hier keine Minute länger bleiben."

„Wir gehen nicht ohne Nora", entgegnete Lucy.

„Nein", sagte ich. „Wir warten."

„Ist ja gut", knurrte Paolo.

Kurz darauf tauchte Nora auch schon wieder auf, mit Jens und Palaver im Schlepptau. Palaver hielt eine Pappschachtel in der Hand, über deren Rand die neugierige Nase eines Meerschweinchens lugte. Jens blickte sich hektisch um und rief: „Wo ist der Kerl?"

„Weiß nicht", sagte Nora mit unschuldiger Miene. „Wahrscheinlich mit seinem Mofa weggefahren."

„So eine Scheiße", fluchte Jens, öffnete den Lieferwagen, holte seinen Rucksack hervor und wühlte in dem Portemonnaie herum. „Das … das ganze verdammte Geld ist weg!" Es klang fast, als heulte er vor Wut. „Dieser Kerl muss uns beobachtet haben. Dann hat er gesehen, dass ich den Schlüssel verloren habe, und hat seine Chance gewittert. Aber der kann ja noch nicht weit sein. Roter Helm, sagst du? Mit einem Totenkopf drauf?"

Nora nickte.

„Okay, den krieg ich vielleicht noch", japste Jens, warf das Portemonnaie auf den Beifahrersitz und sprang in den Van. „Sorry, Palaver, du musst leider zu Fuß zurücklaufen. Mach's gut."

Damit ließ er den Motor an, setzte mit dem Wagen zurück und wendete, dann brauste er davon und ließ nur eine Staubwolke zurück.

Su-ri, Paolo, Lucy und ich verließen unser Versteck und liefen zu Nora und Palaver hinüber. Nora streichelte das Meerschweinchen.

„Wovon hast du da nur geredet?", fragte Paolo. „Was für ein Typ mit rotem Helm?"

„Ach, der war doch nur ausgedacht." Nora lachte. „Ich hab gesagt, ich hätte gesehen, wie jemand den Autoschlüssel gefunden, etwas aus dem Wagen geholt und dann den Schlüssel wieder weggeworfen hat. Ich hab einfach gefragt, ob das Auto und der Schlüssel wohl ihnen gehören."

„Das war mega", schwärmte Palaver. „Ich wünschte, ich könnte so gut lügen wie du."

„Diesen Jens bist du wohl los, was?", meinte Paolo. „Der wird den Rest seines Lebens denken, dass ein Typ mit rotem Helm seine Kohle gestohlen hat."

„Perfekt", meinte Lucy. Dann hielt sie mir die drei Geldscheine hin. „Hier, steck du das ein."

„Wieso ich?"

„Weil es von Anfang an deine Idee war. Pass gut drauf auf. Und morgen gehen wir zusammen zu Frau Hohenstolz und bringen ihr das Portemonnaie zurück." Sie stupste Palaver an. „Kommst du mit?"

„Nee, danke." Er schüttelte den Kopf. „Ich würde die ganze Sache am liebsten vergessen. Und außerdem muss ich mich um Ralle kümmern." Er nickte Nora zu und sagte: „Ich glaub, er mag dich. Wenn du willst, kannst du ja ab und zu mal mit ihm spielen."

Ich starrte auf das Geld in meiner Hand und dann zu Nora, die Ralle an ihrem kleinen Finger knabbern ließ. Ich sah im Geiste Frau Hohenstolz vor mir, mit ihrem breiten Hut und ihrem herrischen Blick. Und dann wieder Nora in ihrem abgewetzten Trainingsanzug. Ein absolut irrer Gedanke schoss mir durch den Kopf.

„Sagt mal ...", begann ich, „was wäre eigentlich, wenn wir das Geld doch nicht abgeben würden?"

„Bitte?", entfuhr es Lucy. „Was meinst du?"

Ich streckte die Hand aus und hielt Nora die fünfhundert Euro hin. „Hier", sagte ich. „Ich finde, du solltest es nehmen."

Nora machte einen Schritt rückwärts und hob die Hände. „Niemals, Valentin", rief sie. Dabei machte sie ein Gesicht, als würde ich ihr einen Beutel mit Hundekacke anbieten. „Ich will dieses Geld nicht, es gehört mir nicht. So wichtig kann eine Kommunionfeier gar nicht sein."

„Aber es wäre gerecht", sagte ich trotzig. „Frau Hohenstolz ist total reich. Der wird es kaum was ausmachen, wenn sie die fünfhundert Euro nicht zurückbekommt. Und du könntest von dem Geld ein schönes Kleid kaufen und eine schöne Feier bezahlen."

„Aber das geht doch nicht", protestierte Su-ri. „Das ist ja so, als würden wir es gleich noch mal klauen."

„Genau", sagte Paolo. „Wir haben eigentlich schon genug verbotene Sachen gemacht: Wir haben heimlich einen fremden Keller mit einer Kamera überwacht, wir sind heimlich in das Auto von diesem Jens eingestiegen. Am Ende landen wir alle noch im Knast."

„Gefängnis", verbesserte Su-ri.

„Ach", meinte Palaver, „wenn ihr erst mal drin seid, kann euch ziemlich wurst sein, wie man es nennt."

Bestürzt sahen wir ihn an. Er zuckte nur mit den Achseln.

In die Stille hinein sagte Paolo: „Leute, es ist schon voll spät. Wir müssen nach Hause!"

Da hatte er recht. Wir verabschiedeten uns von Palaver und verabredeten uns für den nächsten Nachmittag, um gleich nach der Schule Frau Hohenstolz zu besuchen. Zu meiner Idee, dass wir das Geld stattdessen einfach Nora gaben, sagte niemand mehr was.

12

DIE KOMMUNIONKINDER-GANG

Ich kam gerade noch halbwegs pünktlich zum Abendessen und lief vorher schnell in mein Zimmer, um das Geld zu verstecken. Wir hatten vereinbart, unseren Eltern erst mal nichts von der ganzen Geschichte zu erzählen. Denn die war so abenteuerlich, dass wir sicher Ärger bekommen hätten. Am nächsten Tag würden wir immer noch behaupten können, dass wir das Portemonnaie gefunden hätten. Dasselbe wollten wir ja auch Frau Hohenstolz weismachen. Und, na ja, irgendwie stimmte das ja auch.

Doch als ich jetzt die drei Geldscheine in der Hand hielt, breitete sich ein komisches Gefühl in meinem Körper aus. Es begann an meinen Fingern, die die fünfhundert Euro hielten, kribbelte den Arm hinauf und den Rücken hinab und auf der anderen Seite wieder hoch bis in den Kopf.

Nach dem Essen durfte ich wie jeden Abend eine Stunde zocken. Doch statt Minecraft oder Fifa nutzte ich die Zeit für ein paar Recherchen im Internet.

Erstens: Finderlohn. Dafür gibt es sogar ein Gesetz. Wenn du Geld findest und zurückgibst, das jemand anderes verloren hat, steht dir eine Belohnung in Höhe von fünf Prozent zu. So was hatten wir in der Schule noch nicht durchgenommen, aber auch dafür ist ja das Internet da. So bekam ich raus, dass uns von den fünfhundert bloß fünfundzwanzig Euro Finderlohn zustanden. Viel, viel weniger, als ich gehofft hatte.

Zweitens: Kommunionkleider für Mädchen. Es gibt schon welche für nur vierzig Euro, aber auch welche für vierhundert. Die meisten kosten hundert oder hundertfünfzig.

Drittens: Unterschlagung. So heißt das, wenn du Geld findest, das jemand anderes verloren hat, und du gibst es nicht zurück. Es ist eine Straftat!

Irgendwann war Zeit zum Zähneputzen und Zubettgehen. Doch ich konnte nicht einschlafen, ich starrte bloß in die leere Dunkelheit. Als hätte ich da nicht drei Geldscheine unter meinem Kopfkissen deponiert, sondern einen summenden, brummenden Bienenstock. *Unterschlagung!*, summte und brummte es durch meinen Kopf. Unterschlagung!

„Wie siehst du denn aus?", fragte mich Lucy am nächsten Morgen in der Schule.

„Wie seh ich denn aus?", gab ich matt zurück.

„Als hättest du diese Nacht kein bisschen geschlafen", sagte sie.

„Hab ich auch nicht", seufzte ich.

„Was war denn los?"

„Ach … das Geld. Und Nora … ich meine …"

„Verstehe." Lucy nickte, ohne dass ich noch was erklären musste. „Ehrlich gesagt, ich habe gestern Abend auch noch lange darüber nachgedacht, was du vorgeschlagen hast. Ich finde deine Idee total falsch und vollkommen richtig – beides zugleich. Verrückt, oder? Aber ich weiß, wer uns da vielleicht helfen könnte."

Und so besuchten wir nach der Schule nicht Frau Hohenstolz, sondern Magdalena, unsere Katechetin. Sie wohnt nicht mehr bei ihren Eltern, sondern mit zwei anderen Studentinnen in einer WG, das bedeutet Wohngemeinschaft. Es war das allererste Mal, dass wir bei ihr zu Hause waren. Sie hatte nicht schlecht gestaunt, als wir sie gleich nach der Schule angerufen hatten. Es sei ein Notfall, hatten wir gesagt. Und jetzt saßen wir in der WG-Küche an einem großen, alten Tisch voller Bücher und Arbeitsblätter, die Magdalena schnell zur Seite schob, um uns erst mal mit Kakao und Apfelschorle zu versorgen.

„Dann schießt mal los", sagte sie gespannt.

Ich legte die drei Geldscheine auf den Tisch, und wir erzählten die ganze Geschichte. Angefangen von der Begegnung mit Palaver beim Bäcker am Sonntag bis zu unserem

Abenteuer in Jens' Lieferwagen gestern Nachmittag.

„Wow", sagte Magdalena. „Ich kann echt gut verstehen, dass es euch schwerfällt, dieses Geld abzugeben – nach allem, was ihr da erlebt habt. Von eurem Mut und eurem Einfallsreichtum bin ich total begeistert. Aber was mich am allermeisten freut ..." Sie machte eine Pause und strahlte Nora an. „Dass du jetzt doch mit den anderen zur Kommunion gehen willst. Also – wenn ich das richtig verstanden habe."

„Weiß nicht", murmelte Nora, „ich hab mit meiner Mutter gar nicht mehr drüber gesprochen."

„Das könnte ich ja tun", schlug Magdalena vor. „Vielleicht hätte ich das schon längst machen sollen. Am besten, ich rufe sie nachher mal an und dann überlegen wir, wie ihr eine schöne Kommunionfeier organisieren könnt. Völlig unabhängig davon, wie ihr euch nun bei den fünfhundert Euro entscheidet."

„Wie – entscheiden?", fragte Su-ri. „Deswegen sind wir doch hier. Damit du uns sagst, welches die richtige Entscheidung ist."

„Nein." Magdalena lächelte in die Runde. „Manchmal gibt es im Leben Situationen, in denen richtig oder falsch gar nicht eindeutig zu bestimmen sind. Aber ich kenne euch ja inzwischen schon ein bisschen, und bin mir ziemlich sicher, dass ihr eine gute Entscheidung treffen werdet, auch ohne meine Hilfe."

„Und wenn wir am Ende in den Knast kommen?", fragte Paolo zweifelnd. „Ich meine natürlich: ins Gefängnis?"

„Kinder kommen nicht ins Gefängnis", antwortete Magdalena. „Das geht erst ab vierzehn. Ihr habt also noch fünf Jahre Zeit, um richtig kriminell zu werden. Aber im Ernst. Es geht ja nicht darum, ob ihr etwas aus Angst vor einer Strafe tut oder nicht tut. Sondern darum, was ihr richtig findet."

„Hm", machte ich, beugte mich vor und betrachtete die Geldscheine.

Die Türen oder Fenster, die darauf abgebildet waren, kamen mir auf einmal wie rätselhafte Spiegel vor. Ich lehnte mich wieder zurück und trank von meinem Kakao. Nora nippte an ihrer

Apfelschorle, beugte sich ebenfalls vor und betrachtete die Scheine ebenfalls.

Dann streckte sie die Hand aus, legte ihre Finger darauf und schob das Geld zu mir.

„Ich will es nicht", sagte sie.

„Aber ...", wollte Lucy protestieren.

Doch Nora erwiderte: „Ja, ich könnte das Geld nehmen und mir ein tolles Kleid kaufen. Und wir könnten eine Feier machen und so. Aber ich könnte das keine einzige Minute genießen, weil ich die ganze Zeit daran denken müsste, dass das Geld geklaut ist." Sie trank ihr Glas leer und stand auf. „Na, kommt, wir fahren zu Frau Hohenstolz."

Su-ri nickte.

Paolo sagte: „Finde ich gut, Nora."

„Okay", murmelte Lucy.

Ich holte das Portemonnaie, das Palaver mir gestern am Brunnen in die Hand gedrückt hatte, aus meinem Rucksack und schob Frau Hohenstolz' Banknoten hinein.

Es fühlte sich richtig an.

Aber irgendwie auch ein bisschen traurig.

Das Haus von Frau Hohenstolz liegt nicht weit von unserer Kirche entfernt, direkt auf der anderen Seite des kleinen Parks. Eigentlich ist es kein normales Haus, sondern schon eher eine Villa. Vom Gartentor aus liefen wir einen Kiesweg zwischen penibel gepflegten Rosenbeeten hindurch bis zur Haustür, die sich wie von Geisterhand öffnete.

Frau Hohenstolz musterte uns mit zusammengekniffenen Augen. Anscheinend hatte sie uns schon vom Fenster aus gesehen.

„Was wollt ihr?", fragte sie, ohne uns zu begrüßen. „Ich abonniere keine Zeitung und ich spende auch nicht für irgendwelche Tiere."

„Keine Sorge", sagte ich, nahm meinen Rucksack von der Schulter und präsentierte ihr das Portemonnaie.

„Oh, das ist ... ähm ..." Sie nahm mir das Portemonnaie aus der Hand, öffnete es und zählte die Geldscheine nach. „Erstaunlich", sagte sie. Ich glaube, zum allerersten Mal sah ich sie lächeln. „Da muss ich mich aber bei euch bedanken. Einen Moment."

Sie ließ uns stehen und verschwand durch den langen Flur. Der geflieste Boden war so blitzsauber, dass sie garantiert keine Kinder hereinbitten würde, auch nicht mit einer Million Euro. Also standen wir einfach vor der Tür und warteten.

„Die Frau schnappt ja fast über vor Dankbarkeit", brummte Lucy. „Wie gut, dass wir ihr das Geld zurückgebracht haben."

„Psst, sie kommt", flüsterte Su-ri.

Frau Hohenstolz tauchte wieder auf. In der einen Hand hielt sie einen Zwanzigeuroschein, in der anderen eine Schachtel Pralinen.

„Ihr seid wirklich brave Kinder", lobte sie uns. „Solche Ehrlichkeit ist heutzutage selten. Die meisten Kinder sind ja einfach nur freche, respektlose Rotzgören."

„Also, das ..." Paolo war sichtlich empört.

Doch bevor er protestieren konnte, fuhr Frau Hohenstolz fort: „Darum habt ihr euch die versprochene Belohnung redlich verdient. Hier, bitte schön." Sie drückte Su-ri, die ganz vorne stand, den Geldschein und die Pralinenpackung in die

Hand. „Wo habt ihr das Portemonnaie denn eigentlich gefunden?"

„Das sind ja Schnaps-
pralinen", meinte Su-ri und
lächelte gequält. „Ich glaube, die dürfen wir gar nicht
essen. Und ehrlich gesagt –
wir Kinder mögen so etwas auch
nicht."

Ich räusperte mich und nahm meinen Mut zusammen. „Danke, Frau Hohenstolz, für die zwan-
zig Euro. Aber ich habe nachgelesen, dass der
gesetzliche Finderlohn fünf Prozent beträgt, und
im Portemonnaie ... ähm ... waren ja fünfhundert Euro, also das macht ..."

„Da habe ich mich wohl in euch getäuscht",
fuhr sie mir ins Wort. „Ihr seid ja genauso frech
wie alle anderen Kinder auch."

Ich zuckte zurück, als hätte sie mich geschla-
gen. Dafür trat Lucy vor und sagte mit fester
Stimme: „Frau Hohenstolz, wir gehen im Früh-
ling zur Kommunion, das wissen Sie ja, wir sehen

uns ja jeden Sonntag in der Kirche. Leider ist es so, dass nicht alle von uns sich ein Kommunionkleid leisten können. Aber Sie sind doch ziemlich wohlhabend, vielleicht könnten Sie sich vorstellen ... ich meine: weil wir ja Ihr Portemonnaie gefunden haben ..."

„Wie bitte?" Frau Hohenstolz' Stimme war plötzlich zwei Oktaven nach oben geschnellt, ich hätte mir fast die Ohren zugehalten. „Dann sollen eure Eltern eben arbeiten gehen. Wer fleißig ist, findet eine Stelle, da gibt es keine Ausreden. Mein verstorbener Mann – der liebe Gott hab ihn selig – hat vierzig Jahre lang all seine Kraft in seine Firma gesteckt, damit wir uns das alles hier leisten können. Von nichts kommt eben nichts."

„Der liebe Gott würde das vielleicht anders sehen", warf Lucy ein.

„Jetzt reicht es aber", schmetterte Frau Hohenstolz. Ihre Stimme vibrierte, als ob sie bei einer Probe des Kirchenchores wäre. Sie drehte sich nach einer Kommode um und öffnete eine Schublade, holte einen Fünfeuroschein heraus und drückte ihn Lucy in die Hand.

„So, ihr undankbaren Gören, hier ist euer gesetzlicher Finderlohn. Und jetzt verschwindet!"

Damit knallte sie uns die Tür vor der Nase zu.

„Blöde Kuh", rief Lucy. „Wer ist hier undankbar?"

Leider hörte die Alte das nicht mehr.

Mit hängenden Köpfen trotteten wir über den Kiesweg zurück auf die Straße.

„Was für ein Fehlschlag", brummte ich.

Su-ri hielt Nora die fünfundzwanzig Euro hin. „Das hatten wir dir ja versprochen. Bitte, nimm es. Du hattest von uns allen den härtesten Job."

„Na gut", sagte Nora und steckte das Geld ein. „Aber nur, wenn ich euch dafür zu einem richtig großen Eis einladen darf."

„Das klingt absolut super", meinte Paolo. „Natürlich darfst du das. Und was wird jetzt aus deinem Kommunionkleid?"

„Am besten, wir rufen sofort Palaver an", knurrte Lucy. „Er soll das Portemonnaie noch einmal klauen, notfalls helfen wir ihm dabei."

„O nein", rief Paolo, „dann beginnt alles wieder von vorne."

„Apropos von vorne", meinte ich. „Wisst ihr noch diese Gewänder, die Magdalena uns gezeigt hat?"

„Die Alben", sagte Su-ri.

„Genau", sagte ich. „Die ja ein bisschen aussehen wie die Kutte von einem Jedi-Ritter. Ich überlege gerade, ob ich das nicht eigentlich ziemlich cool finde. Cooler als so einen Anzug mit Krawatte und so weiter. Natürlich hätte ich ein bisschen Schiss, wenn ich das als Allereinziger anziehen würde." Ich stupste Nora an. „Aber falls du dich vielleicht doch für diese Albe entscheidest, dann wären wir schon zu zweit."

„Oder zu dritt", sagte Lucy und lächelte. „Ich glaube, mir ist das auch viel lieber als so ein Kleidchen. Ich will ja zur Kommunion gehen – und nicht heiraten. Oder eine Prinzessin werden."

„Nee", meinte Su-ri. „Ich will auch keine Prinzessin sein. Lieber Erfinderin. Oder Detektivin – immerhin haben wir so was wie einen Kriminalfall aufgeklärt, oder?"

„Ja, einerseits schon", meinte Paolo. „Andererseits sind wir ja auch selbst ein kleines bisschen kriminell geworden. Ich glaube nicht, dass wir die perfekten Detektive abgeben würden. Was wir gemacht haben, würde eher zu einer Gang passen."

„Ja, das gefällt mir", rief ich. „Eine Kommunionkinder-Bande. Die Kokis. Und unser Erkennungszeichen wird das weiße Gewand."

„Oje", jammerte Paolo, „und wie soll ich das meinen Eltern erklären?"

„Da fällt uns bestimmt etwas ein, wenn wir alle zusammen nachdenken", meinte Lucy.

„Aber dazu brauchen wir dringend ein Eis", sagte Paolo.

„Absolut." Nora winkte fröhlich mit den Geldscheinen. „Das haben wir uns jetzt wirklich verdient. Kommt mit zur Eisdiele, Kokis!"

FORTSETZUNG FOLGT ...